中国社会科学院大学
University of Chinese Academy of Social Sciences

篤学 慎思　明辨 尚行

中国社会科学院大学系列教材

新闻传播学系列

# 数字时代的人际交往

苗伟山　编著

Interpersonal Communication
in the Digital Age

社会科学文献出版社
SOCIAL SCIENCES ACADEMIC PRESS (CHINA)

本教材（编号：JCJS2022043）由中国社会科学院大学教材建设项目专项经费支持

# 目　录

# 第一章　家庭情景

## 第一节　超人际互动与中介化亲密关系的形成

随着社交网络的流行，在互联网中发展在线关系越米越成为当代人体验亲密的方式。

作为一位适婚年龄的男青年，康康经常被家人劝说多外出活动，多认识一些朋友，甚至被安排了几场相亲。但康康与人见面后总是聊不了几句，最后不了了之。康康也有些气馁，虽然家人总是鼓励他，但他还是渐渐对发展关系失去了信心。

经朋友介绍，康康下载了某主打兴趣交友的社交软件。康康虽然对网络交友也不抱太大信心，但因为非常喜欢摄影，就把空间当成分享摄影作品的小天地，也时不时分享一些拍摄技巧与感受。后来，因为共同的摄影爱好，康康认识了小A。他们会时不时地向对方分享自己最近拍摄的作品，后来渐渐地开始分享自己的生活。这种聊天持续了两个多月，他们加了微信，并在冬雪飘落的清晨相约一起去赏雪。又过了一个月，康康和小A在一起了。

康康家人得知这一消息，既为儿子恋爱感到高兴，又为儿子没有在网上受骗长舒了一口气。

斯坦福大学对美国成年伴侣的调查数据显示，通过网络相识已经超过经朋友介绍成为异性伴侣最常见的相识方式，约有39%的异性伴侣在网络中相识，其中89%此前为陌生人[1]。在中国也有统计报告

---

[1]　Michael J. Rosenfeld, Reuben J. Thomas and Sonia Hausen, "Disintermediating Your Friends: How Online Dating in the United States Displaces Other Ways of Meeting", *Proceedings of the National Academy of Sciences*, Vol.116, No.36 (2019): 17753-17758.

显示，超六成的中国"95后"年轻人认为网恋比相亲在形成亲密关系方面更为有效①。网络逐渐成为交友的重要场所，而这种中介化的亲密关系又是如何形成的？

自20世纪80年代起，以计算机为中介的传播（Computer-mediated Communication，CMC）成为各领域研究的热点，CMC对人际交往和人际关系的影响引起了学者们的广泛关注。在传统的"线索过滤"（cues filtered out）②理论背景下，网络交往被认为非语言线索的缺失，因此其社会临场感③和传播信息丰富度④均不如面对面传播，不利于人际交往与亲密关系的形成。美国传播学者约瑟夫·瓦尔特（Joseph Walther）反驳了这一观点，他指出网络传播的线索缺失，使得网络交往有达到甚至超越面对面传播关系的可能性。瓦尔特通过发展社会信息处理（Social Information Processing，SIP）理论，提出超人际模型（Hyperpersonal Model），解释网络交往亲密关系形成的机制。超人际模型也成为当代以计算机为中介的人际传播（Computer-mediated Interpersonal Communication）研究中最为重要的理论模型之一⑤。本书引入超人际模型对网络交往中在线亲密关系的形成进行分析。

## 一　以计算机为中介的传播关系模型基础：社会信息处理理论

随着计算机应用场景的扩展，越来越多的在线友谊与恋爱关系案

---

① 探探：《95后恋爱报告》发布　7成以上愿意每年花2.4万谈恋爱，中新经纬，http://www.jwview.com/jingwei/08-06/249681.shtml，最后访问日期：2024年1月12日。

② Mary J. Culnan and Markus Lynne M., "Information Technologies", in Fredric M. Jablin, Linda L. Putnam, Karlene Roberts and Lyman Porter, ed., *Handbook of Organizational Communication: An Interdisciplinary Perspective* (New York: Sage Publications, 1987), pp.429-443.

③ John Short, Ederyn Williams and Bruce Christie, *The Social Psychology of Telecommunications* (New York: John Wiley & Sons, 1976).

④ Richard L. Daft and Robert H. Lengel, "Organizational Information Requirements, Media Richness and Structural Design", *Management Science*, Vol.32, No.5 (1986): 554-571.

⑤ Joseph B. Walther, "Interpersonal Effects in Computer-Mediated Interaction: A Relational Perspective", *Communication Research*, Vol.19, No.1 (1992): 52-90.

例表明，以计算机为中介的传播具有推进亲密关系形成的潜力。瓦尔特首先提出了社会信息处理理论，说明个人在线索缺失情形下形成印象并发展关系的可能性。

社会信息处理理论认为，以计算机为中介的传播用户有形成人际印象和亲密关系的积极性，当无法获取非语言线索时，他们会根据正在使用的媒介调整人际传播，以适应仅存的可以获取线索的媒介，随着时间的推移与印象的积累，最终使得在线关系达到面对面传播所能达到的水平[1]。在一系列实验中，瓦尔特对时间和媒介两个因素在以计算机为中介的传播中的印象形成与关系发展上的作用进行了验证。结果表明，即使以计算机为中介的传播与面对面传播在人际沟通上存在原始差异，但随着交流时间的延长，这种差异将逐渐消失[2]。

在一项以计算机为中介的传播与面对面传播的对比实验中，瓦尔特进一步发现以计算机为中介的传播具有超越面对面传播交流效果的可能。实验分析表明，以计算机为中介的传播小组在人际沟通的即时性、情感性、相似性、深度以及沉着和放松程度等方面都比面对面传播小组达到了更积极的关系水平，而且以计算机为中介的传播小组也没有比面对面传播小组表现出更弱的亲切感或更强的任务导向。在某些条件下，以计算机为中介的传播可能会以先前理论未曾考虑过的方式积极促进关系效果，并且在某些方面优于面对面沟通[3]。同时，研究发现，在以计算机为中介的传播对话中，自我表露在总话语中所占的

---

[1] Joseph B. Walther, "Interpersonal Effects in Computer-Mediated Interaction: A Relational Perspective", *Communication Research*, Vol.19, No.1 (1992): 52-90.

[2] Joseph B. Walther, "Impression Development in Computer-Mediated Interaction", *Western Journal of Communication*, Vol.57, No.4(1993): 381-398. Joseph B. Walther and Judee K. Burgoon, "Relational Communication in Computer-Mediated Interaction", *Human Communication Research*, Vol.19, No.1 (1992): 50-88. Joseph B. Walther, "Anticipated Ongoing Interaction versus Channel Effects on Relational Communication in Computer-Mediated Interaction", *Human Communication Research*, Vol.20, No.4 (1994): 473-501.

[3] Joseph B. Walther, "Relational Aspects of Computer-Mediated Communication: Experimental Observations over Time", *Organization Science*, Vol.6, No.2 (1995): 186-203.

比例比在面对面传播中所占的比例更大，表露内容也更加私密[①]。瓦尔特据此提出超人际模型，试图解释以计算机为中介的传播超越面对面传播交流的情感程度与亲密程度这一现象。

## 二　超人际模型：以计算机为中介的传播亲密关系形成的机制

1996年，瓦尔特提出超人际模型，用来探索网络互动，特别是基于文本的网络互动条件下所形成的超人际传播效果与关系水平[②]。借鉴欧文·戈夫曼（Erving Goffman）的拟剧理论（Dramaturgical Theory），该模型关注的重点是以计算机为中介的传播用户如何表演自己，以及对话伙伴如何相互参与，从而发展出异常强大的在线关系[③]。

超人际模型认为，超人际传播效果的形成和沟通过程与接收者（receivers）、发送者（senders）、渠道（channels）和反馈（feedback）这四个因素的共同作用有关。正是由于网络通信与现实同步互动相比所具有线索缺失与异步通信（asynchronous interaction）的特质，信息发送者得以"优化自我呈现"（optimized self-presentation），并使接收者在有限线索下产生对当前线索过度归因的"理想化感知"（idealized perception）。接收者、发送者、渠道的共同作用增强了理想化形象的

① Adam N. Joinson, "Self-Disclosure in Computer-Mediated Communication: The Role of Self-Awareness and Visual Anonymity", *European Journal of Social Psychology*, Vol.31, No.2 (2001): 177–192. Lisa C. Tidwell and Joseph B. Walther, "Computer-Mediated Communication Effects on Disclosure, Impressions, and Interpersonal Evaluations: Getting to Know One Another a Bit at a Time", *Human Communication Research*, Vol.28, No.3 (2002): 317–348.

② Joseph B. Walther, "Computer-Mediated Communication: Impersonal, Interpersonal, and Hyperpersonal Interaction", *Communication Research*, Vol.23, No.1 (1996): 3–43.

③ Joseph B. Walther and Monica T. Whitty, "Language, Psychology, and New New Media: The Hyperpersonal Model of Mediated Communication at Twenty-Five Years", *Journal of Language and Social Psychology*, Vol.40, No.1 (2021): 120–135.

确认并共同形成反馈的增强循环，从而形成超越面对面互动所能形成的人际传播效果和亲密关系水平。

具体来说，在接收者方面，在缺乏面对面接触所提供的身体线索及其他线索的情况下，接收者会根据有限线索形成对交流对象的刻板印象，产生感知的过度归因（overattribution）[①]。而如果关于他人的最初线索是有利的，这些有利线索将得到放大，由此激发信息接收者对交流对象的"理想化感知"（idealized perception）。

在发送者方面，根据戈夫曼的拟剧理论，任何情境下的自我呈现都是一种表演，以构建某种特定的印象[②]。自我呈现总体上为增加个人社交吸引力服务，使得他人喜欢并欣赏自己[③]。沟通线索的减少将促成信息发送者"优化自我呈现"，突出自我优势并规避不利因素，构建具有社交吸引力的个人形象。

在渠道方面，网络的异步通信特征可以避免面对面同步互动时的时间与注意力相竞争的弊端[④]。网络文本、语音等异步通信的特质使得使用者可以在空闲时间进行充分互动，不再受限于面对面互动中的有限时间。同时，网络使用者可以利用网络信息编辑、删除、重写的功能，使其发送的信息达到预期的效果；他们可以将注意力更多地集中在消息构建上，而无须注意交流主体双方的身体行为以及交流时的物理环境等非语言因素，也不会破坏会话进程。

在反馈方面，"理想化感知""优化自我呈现"和渠道效应相互

① Martin Lea and Russell Spears, "Paralanguage and Social Perception in Computer-Mediated Communication", *Journal of Organizational Computing and Electronic Commerce*, Vol.2, No.3-4 (1992): 321-341.

② ［美］欧文·戈夫曼:《日常生活中的自我呈现》，冯钢译，北京大学出版社，2016，第214~219页。

③ Robert A. Bell and John A. Daly, "The Affinity-Seeking Function of Communication", *Communications Monographs*, Vol.51, No.2 (1984): 91-115.

④ Joseph E. McGrath, "Time, Interaction, and Performance (TIP): A Theory of Groups", *Small Group Research*, Vol.22, No.2 (1991): 147-174.

作用而形成的理想化印象和亲密感，在"行为确认"（behavioral confirmation）的驱动下得到强化。接收者根据其对在线伙伴形成的理想化印象进行交互和应答，从而再现、增强甚至夸大这些要素，而这些理想化形象的反复亦可能会改变发送者的性格，使发送者对互动双方相互构建的理想形象进行确认，由此形成行为确认与增强循环的反复，维持超人际沟通。

总的来说，超人际模型认为，基于线索缺失所形成的印象整饬与理想化感知的增强循环，是网络亲密关系形成的基础。人们之所以能够如此迅速地在网络中建立友谊与爱情，原因可能在于对彼此的"理想化想象"。

### 三 对超人际模型的发展与批判

鉴于超人际模型建构于接收者、发送者、渠道、反馈四方面的交互运作，关于其各个层面的经验发现与理论探讨均较为丰富。详细发展情况可以参照瓦尔特最近关于超人际模型的研究综述[①]。总的来说，基于线索缺失与理想化想象的超人际模型在当下仍具有较强的解释力。

在线互动提供了自我展示的机会，也增强了彼此相互连接的能力。对意图发展亲密关系的在线互动者来说，他们可能会利用线索缺失的优势来增强在线伙伴与其建立联系并进一步了解的愿望。但值得警惕的是，超人际互动效果在亲密关系的发展中是一把双刃剑。在线上转线下的多模式互动研究中，很多研究均报告了在线表露的超人际效果对预期的面

---

① Joseph B. Walther and Monica T. Whitty, "Language, Psychology, and New New Media: The Hyperpersonal Model of Mediated Communication at Twenty-Five Years", *Journal of Language and Social Psychology*, Vol.40, No.1 (2021): 120-135. Joseph B. Walther, et al., "Interpersonal and Hyperpersonal Dimensions of Computer-Mediated Communication", in Sundar, S. Shyam, ed., *The Handbook of the Psychology of Communication Technology* (New York: John Wiley & Sons, 2015), pp.1-22.

对面交互会产生不利影响[1]。研究者指出，如果个人不符合其线上自我呈现，互动者将会对约会感到非常失望[2]。而对对方有较高预期的个体，在面对面会议后对在线互动者的亲密感[3]和吸引力感知[4]下降。在线情感诈骗的案例研究更是展现出超人际传播效果的欺骗性与破坏性，汤姆·索雷尔（Tom Sorell）和莫妮卡·惠蒂（Monica Whitty）的研究指出，最容易遭受欺诈的在线约会者通常会经历超人际的在线传播行为。而情感诈骗容易被包装成对互动者真正的喜爱和发展浪漫关系的渴望[5]。

超人际模型为在线亲密关系的形成提供了解释，也对在线上寻找亲密关系的人群发出警告。康康与小A没有经历"见光死"大抵在于他们把握了吸引力与诚实之间的张力。研究者建议，在以现实交往为前提的在线互动中，互动双方可以经过短暂的在线接触后，尽快转向面对面接触，以矫正线上交往的印象偏差，减轻超人际传播效果带来的负面影响[6]。

---

[1] Jennifer L. Gibbs, Nicole B. Ellison and Rebecca D. Heino, "Self-Presentation in Online Personals: The Role of Anticipated Future Interaction, Self-Disclosure, and Perceived Success in Internet Dating", *Communication Research*, Vol.33, No.2 (2006): 152-177. Bree McEwan and David Zanolla, "When Online Meets Offline: A Field Investigation of Modality Switching", *Computers in Human Behavior*, Vol.29, No.4 (2013): 1565-1571. Marjolijn L. Antheunis, Alexander P. Schouten and Joseph B. Walther, "The Hyperpersonal Effect in Online Dating: Effects of Text-Based CMC vs. Videoconferencing Before Meeting Face-to-Face", *Media Psychology*, Vol.23, No.6 (2020): 820-839.

[2] Monica T. Whitty, "Revealing the 'Real' Me, Searching for the 'Actual' You: Presentations of Self on an Internet Dating Site", *Computers in Human Behavior*, Vol.24, No.4 (2008): 1707-1723.

[3] Bree McEwan and David Zanolla, "When Online Meets Offline: A Field Investigation of Modality Switching", *Computers in Human Behavior*, Vol.29, No.4 (2013): 1565-1571.

[4] Marjolijn L. Antheunis, Alexander P. Schouten and Joseph B. Walther, "The Hyperpersonal Effect in Online Dating: Effects of Text-Based CMC vs. Videoconferencing Before Meeting Face-to-Face", *Media Psychology*, Vol.23, No.6 (2020): 820-839.

[5] Tom Sorell and Monica T. Whitty, "Online Romance Scams and Victimhood", *Security Journal*, Vol.32, No.3 (2019): 342-361.

[6] Artemio Ramirez, et al., "When Online Dating Partners Meet Offline: The Effect of Modality Switching on Relational Communication Between Online Daters", *Journal of Computer-Mediated Communication*, Vol.20, No.1 (2015): 99-114.

## 第二节　亲密关系可以购买吗：理解虚拟恋人的情感劳动

中国有句老话，叫"提钱伤感情"。在现实生活中，情侣或夫妻为了钱闹矛盾似乎再平常不过了。不过，金钱与情感总是冲突吗？美国经济社会学家薇薇安娜·泽利泽（Viviana Zelizer）提出了新角度。她在《亲密关系的购买》（*The Purchase of Intimacy*）一书中指出，亲密关系的维系需要源源不断的经济投入。此处"purchase"一词，既有"购买"，也有"获得"之义，通俗理解就是，通过金钱的投入来获得与维系亲密关系[①]。

看来，金钱不只会引发亲密关系中的矛盾，其本身也是制造亲密的关键手段。在数字时代，通过消费来制造浪漫的例子俯拾皆是。比如，为心爱之人买一套价值不菲的游戏皮肤，所带来的情感愉悦有时候并不亚于送给对方一捧炽热的玫瑰。当下，人们消费的产品已经从物理领域拓展至虚拟领域。那么，我们可不可以直接"购买"一个虚拟男友或者女友呢？

### 一　所卖为何：虚拟恋人的价码与商品

从2014年起，中国互联网上开始出现越来越多的虚拟恋爱服务（virtual romance service）。在淘宝上，你可以检索到一系列店铺，只需要简单咨询就可以得到价格表。不管是奶狗、狼狗、霸道总裁，还是萝莉、少女、御姐，店家都有"存货"。而且，他们/她们还被分为盲盒、金牌、镇店、男女神、头等这样的序列供你选择，等级越高，价格也就越贵。比如，盲盒款半小时文字语音条服务需要20元，头等则需

---

① ［美］薇薇安娜·泽利泽:《亲密关系的购买》，陆兵哲译，上海人民出版社，2022，译后记。

要 80 元；连麦通话会更贵，盲盒款半小时需要 35 元，头等则需要 150 元；除了半小时或一小时这类尝鲜选项，还有包天、包周乃至包月服务，其中，头等款文字语音条包月服务需要 15000 元，不能不说是天文数字①。

这不禁引人思考，虚拟恋爱服务究竟在售卖什么，竟能如此昂贵？回答这个问题的第一步，便是从买卖双方的需求与供给入手，看看到底是何种商品在流通。有研究者指出，虚拟恋人与购买者基于服务关系实现了等价交换：购买者付费并提出需求，虚拟恋人则供给情感利益②。具体来说，虚拟恋人要与客户聊天解闷，或者帮助客户纾解在家庭、学业及工作中积攒的压力③。看来，情感似乎是理解虚拟恋人与消费者关系的关键词。

## 二 情感劳动：理解虚拟恋爱服务

情感非常复杂。且不说七情六欲的分类之多，就是在一天之中，人们也体验和传递着不同的情感。有时候，爱与恨只有一线之隔。这也使得在学理上讨论情感更加困难，这一点从 affect 及 emotion 的翻译中可管窥一二。在中文学界，affect 和 emotion 均被译为情感，但其所指有时十分含混。其实，affect 译为"情感"，emotion 译为"情绪"

---

① 此段数据来自下文。Li Weijun, Shi Chen, Lingyun Sun and Changyuan Yang, "What Makes Virtual Intimacy...Intimate? Understanding the Phenomenon and Practice of Computer-Mediated Paid Companionship", *Proceedings of the ACM on Human-Computer Interaction*, Vol. 7, No. CSCW1 (2023): 331-332.

② Li Weijun, Shi Chen, Lingyun Sun and Changyuan Yang, "What Makes Virtual Intimacy...Intimate? Understanding the Phenomenon and Practice of Computer-Mediated Paid Companionship", *Proceedings of the ACM on Human-Computer Interaction*, Vol. 7, No. CSCW1 (2023): 331-332.

③ Chris K. K. Tan and Zhiwei Xu, "Virtually Boyfriends: the 'Social Factory' and Affective Labor of Male Virtual Lovers in China", *Information, Communication & Society*, Vol. 23, No. 11 (2020): 1555-1569.

更恰切。具体到关系上，情绪可以视作情感的外显。

所谓情感，是情与感，是流动的过程。它体现的是人与人内嵌于关系的相互影响，是爱与恨、悲与欢的你来我往和互动生成。因此，也有研究者主张将 affect 译为"情动"。从更一般的维度界定，情感是长期的情之所系，它透露出人与人乃至人与世界的自发体验。与之相比，情绪则是短期的情感显现，且通常是被动引起的。比如，当某人得知挚爱离世时，悲恸而泣所传递的难过、悔恨等皆为情绪，它们作为对离世消息的回应，显现了两人在具体情境中的爱意流动。上述区分虽有粗疏，但已为引入"情感劳动"提供必要基础。

在中文学界，affective labor 及 emotional labor 被混译为"情感劳动"。近几年有文章试图厘清各自的理论传统，主张将 affective labor 译为"情感劳动"，emotional labor 译为"情绪劳动"[1][2]。这与前文情感与情绪的区分一致，故本书采纳该译法。

安东尼奥·奈格里（Antonio Negri）和迈克尔·哈特（Michael Hardt）提出"情感劳动"的概念，意图强调情感交流作为一种非物质劳动（immaterial labor）值得关注。他们以照护业及娱乐业为例，说明情感劳动虽然涉及身体，其产品却是无形的，它"让人感觉到轻松、幸福、满足、兴奋或激情。"[3]这一颇为抽象的论述涉及情感劳动中的主体间性、资本剥削等结构性命题。

美国情感社会学家阿莉·拉塞尔·霍克希尔德（Arlie Russell Hochschild）则提出"情绪劳动"概念。她认为，空乘人员从事着诸如微笑等大量情绪劳动，它们在创造价值的同时亦在异化从业者的真

---

① 刘芳儒：《情感劳动（Affective labor）的理论来源及国外研究进展》，《新闻界》2019年第 12 期。

② 郭小安、李晗：《情绪劳动与情感劳动：概念的误用、辨析及交叉性解释》，《新闻界》2021 年第 12 期。

③ Antonio Negri and Michael Hardt, *Empire* (Cambridge, Massachusetts: Harvard University Press, 2001), p.293.

实情感，而这些情绪劳动可以分为表层扮演（surface acting）和深层扮演（deep acting），两者都涉及管理情绪以欺骗他人，不同之处在于表层扮演不涉及欺骗自己，深层扮演则"通过接管感受产生的杠杆，通过深层的伪装"改变自己[①]。

可以发现，情感劳动与情绪劳动的关涉对象存在交叉。相较而言，情感劳动更强调一种主体与主体的相互交流与创造，涉及个人身份与权力结构的问题。情绪劳动则"表现为具体的情绪管理和调节"[②]，倾向于个人策略式的行动。已有研究指出，情感劳动与情绪劳动在虚拟恋人的亲密实践中相互关联。其中，情感劳动不仅涉及对亲密氛围及亲密感的创造，还包括对消费者多样情感需求的满足乃至操纵。这不仅需要虚拟恋人灵活调校真实自我与角色自我的关系，还要求他们／她们不断确立自我作为服务供给者与他人作为消费者的边界。

在此过程中，情绪劳动涉及的浅层与深层扮演同时存在。浅层扮演中的虚拟恋人能够清晰体认自己正在"工作"，所以只是通过各种展演策略和话术来欺骗对方：自己"真的"是他们／她们的伴侣。而深层扮演则要求虚拟恋人全身心地投入角色，设身处地地共情。一位受访者甚至表示，表达真实的情感不仅能让工作更轻松，也会让生意更好。可以说，以情感／情绪劳动为引导，我们得以更细致地理解虚拟恋爱服务中的情感流动机制，比如提供者与消费者各自的动机、策略，以及他们／她们彼此合作展开的实践议题[③]。

---

[①] ［美］阿莉·拉塞尔·霍克希尔德：《心灵的整饰：人类情感的商业化》，成伯清、淡卫军、王佳鹏译，上海三联书店，2020，第51页。

[②] 刘芳儒：《情感劳动（Affective labor）的理论来源及国外研究进展》，《新闻界》2019年第12期。

[③] Weijun Li, Shi Chen, Lingyun Sun and Changyuan Yang, "What Makes Virtual Intimacy...Intimate? Understanding the Phenomenon and Practice of Computer-Mediated Paid Companionship", *Proceedings of the ACM on Human-Computer Interaction*, Vol. 7, No. CSCW1 (2023): 331–332.

## 三　数字时代的情感：爱欲之死？

除了情感/情绪劳动，有研究者从性别的角度理解虚拟恋人。他们提出"浮现的女性气质"（emergent femininity）概念，试图指出中国当代都市年轻女性的虚拟恋人消费背后呈现的新特点，特别包括她们的自信，以及对购买亲密需求的公开表达①。除此以外，还有一些有趣的问题值得思考。比如，当情感成为商品时，我们的亲密生活究竟面临着怎样的挑战？

德国哲学家韩炳哲《爱欲之死》一书或可给我们启发。他认为，当下爱情最大的危机并不是齐格蒙特·鲍曼（Zygmunt Bauman）及其拥趸所认为的那样，由于面临无穷无尽的选择，人们逐渐丧失了对有承诺关系的渴望。相比于这种"流动之爱"②——爱情不再稳固和坚定，他者的消失才是根本性症候。韩炳哲认为，当下社会充斥了一种优绩主义，其中效率和能力被突出强调。当代人认为只要能力够强，他们/她们就可以高效地促成任何事，哪怕是爱情也不例外。

因此，人们越来越希望以最小的投入获得最大的回报：我们希望安全地拥抱不会伤害我们的爱人，所以我们选择付费陪伴，选择虚拟恋人。这反而显示出当代亲密关系的危机：我们似乎既害怕拥抱他人，又极力想要控制他人——正是由此，他者消失了。对此，韩炳哲一针见血地指出，爱恰是他者的相遇，它恰恰意味着奋不顾身和无能为力③。但当金钱介入关系后，他者也就消失了。我们不禁

① Chris K. K. Tan and Jiayu Shi, "Virtually Girlfriends: 'Emergent Femininity' and the Women Who Buy Virtual Loving Services in China", *Information, Communication & Society*, Vol. 24, No. 15 (2021): 2213-2228.

② Mitchell Hobbs, Stephen Owen and Livia Gerber, "Liquid Love? Dating Apps, Sex, Relationships and the Digital Transformation of Intimacy", *Journal of Sociology*, Vol. 53, No. 2 (2017): 271-284.

③ 〔德〕韩炳哲：《爱欲之死》，宋娀译，中信出版社，2019，第4页。

追问：虚拟恋人提供的关心与爱意是"真"的吗？我们能感到满足吗？

## 第三节　从男性气质到父职：数字时代如何"做父亲"？

"严父慈母"似乎是中国传统社会对家庭性别角色分工的核心表述。在育儿过程中，母亲往往扮演着柔情、关怀孩子的角色，父亲则相对沉默寡言，只在大是大非问题上出面决断。这种观念与"男主外，女主内"的育儿分工相互嵌合，男性通常承担供养家庭的生产劳动，女性则更多承担家务与育儿的再生产劳动。而在数字时代，微博等社交媒体为城市中产阶层父亲分享育儿经验提供了平台，他们也开始展示自己与女性共同承担育儿责任的图片与视频。那么，我们可以如何理解他们的数字育儿实践？

### 一　爸爸博主育儿经验的数字分享

抖音、小红书及微博等社交媒体为普通个人分享自身经验提供了便利的舞台。也因此，在传统社会通常被遮蔽的实践越来越多地出现在公共讨论之中。从父亲角度分享育儿经验的"爸爸博主"便是其中之一。爸爸博主通过分享自己与妻子、儿女一起旅行、吃饭等各种活动，展示自身的社会地位、家庭角色及育儿理念。笔者在微博平台以"育儿爸爸"为关键词检索，相关用户既有粉丝 200 余万的大 V，也有粉丝不多的普通用户。

比如，@好爸爸陶功财 作为母婴育儿领域的头部博主，不仅著有《好爸爸缔造孩子一生》，还在微博开设了 #宝宝成长记录#、#家庭健康守护计划#、#宝贝成长守护计划# 等热门话题栏目，分享自己日常育儿的图片及心得感受。在最近一条推文中，陶功财呼吁多带孩子参加户外活动，因为户外活动"利于孩子亲近阳光和空气""能满足孩子好动与探究的本性",而且"家长的身心也得到了疗愈"。9 张配图主要涉及陪孩子遛狗、看护孩子使用健身器材等场景。

这些在传统社会主要由母亲完成的"工作",现在也逐渐转移或分摊至父亲的肩上。这是否在某种程度上意味着,父亲对自己家庭角色的认识发生了改变?特别是在当下社交媒体平台嵌入日常生活的数字时代,父亲如何在这些平台上展现自己作为一名"合作"的父亲角色?为了理解上述问题,我们不得不先理解两个关键概念:男性气质与父职。

## 二 作为父职的男性气质的变迁

男性气质(masculinity)这一概念天然蕴含着批判气质,它内在联系着社会性别研究(gender studies)从"本质论"到"建构论"的范式转移。本质论观点认为,生理差异是本质性的,它是理解性别乃至社会分工最强有力的阐释视角。建构论则认为,所谓的"男性"或"女性",本身即文化建构的结果,它背后是一整套社会话语体系,规定着男性与女性应该如何行动。比如,"男孩不该穿裙子"作为一项被普遍接受的规则并非天然正确,它反映了整个社会对男孩的阳刚气质的期待,一旦广为接受便会产生实在的约束力。

虽然西方学者对何为男性气质并未达成共识,但他们普遍都反对本质主义的界定,认为所谓的男性气质不过是"某种假想的'身份认同'、强制性的'社会期待',以及包含成见的'刻板印象'"[①]。更通俗地讲,男性气质体现了男性所共享的理念与实践方式,它显示了社会各方对男性角色的期许,其中不少是偏见式甚至压迫式的。而父职(fathering/fatherhood)概念恰好集中体现了男性气质的主要意涵。

---

① 杨凡:《当代西方男性气质研究:新的转向、方法与议题》,《学术研究》2023 年第 4 期。

吴璟薇及张雅迪①关注城市中产阶层父亲在社交媒体上从事"爸爸博主"的数字实践,她们借助凯西·谢布林(Casey Scheibling)的理论框架分析了爸爸博主推文中所呈现的父职。谢布林认为,"做父亲"可以从三个层次来理解——体验(fathering)、身份认同(father)及意识形态(fatherhood)②。其中,体验指父亲从事的各种育儿实践;身份认同则涉及父亲角色的建构,而意识形态则显现了社会各方力量对父亲角色及实践的期许及要求。在此框架下,两位研究者得出以下几点颇为值得引介的结论。

首先,社交媒体上的父职体验分享,呈现出两个新特点。第一,爸爸博主都很感激疫情期间的难得时光,都试着在家庭与工作中寻求平衡。在传统的父职中,育儿体验往往让位于养家糊口,亲子相处的时光被"合理"替换。而当疫情按下工作的暂停键,不少爸爸博主得以回归家庭,享受难得的育儿快乐。第二,爸爸博主的育儿记录中体现出父职的情感回归。传统的父职中,父亲往往被认为是伟岸和理性的,往往较少流露对子女的爱,这也是为何诸多赞颂父爱的词句皆以"山"为喻。但在爸爸博主的育儿分享中,情感表达与流露却是重要的构成部分,其中涉及对孩子情绪的细致关照与安抚,而这通常被视作母职的特征。

其次,社交媒体上的父亲形象往往通过父亲与孩子的互动来展现。父亲会凸显自己作为家庭供养者的核心身份,在此过程中,母亲与孩子的关系得到新的建构。一方面,爸爸博主通过展示如何应对孩子的古灵精怪与变化无常,来显示自己对孩子的关爱;另一方面,爸爸博主通常会将孩子母亲描述成掌握家庭生活的"最高管理者",以将其推至自己与孩子所形成的玩乐团队的对立面,从而凸显自己和孩子的亲近。此外,爸爸博主会有意识地突出自己所具备的科学育儿技能及

---

① 吴璟薇、张雅迪:《数字实践中的"混合父职"建构:爸爸博主的在线自我呈现》,《妇女研究论丛》2022年第2期。

② Casey Scheibling, "Doing Fatherhood Online: Men's Parental Identities, Experiences, and Ideologies on Social Media", *Symbolic Interaction*, Vol. 43, No. 3 (2020): 472-492.

理性消费能力，有时也会借此与品牌商合作来推广育儿产品，但大多会采用"顺便赚点奶粉钱"的话语来进行合法性确证。

最后，爸爸博主通过显现"混合父职"来建构理想的父职理念。所谓混合父职，是强调家庭与工作的平衡，以及男性与女性在育儿责任上的平等。他们不仅会承认和感谢母亲在家庭中的付出，还特别关注社会性别议题，表达对于女性在平衡家庭与工作中的困境的理解，并积极借助社交媒体发声。此外，他们也为自己的"奶爸"身份感到自豪。不过，在经验分享中，爸爸博主也会有意无意地凸显男性在育儿中的优势，而优势的根源往往在于男性气质。这似乎又说明，他们潜意识中仍然认为男性在育儿中占据主导地位。

### 三　父职研究的未来：更审慎的权力分析

如前所述，当代城市中产阶层的爸爸博主在呈现"父职"的体验、身份与意识形态时，仍然无法绕开其所依托的男性气质，其中刚毅、坚韧、理性等特质被视作父亲育儿的重要优势。其在一定程度上再次维护甚至强化了支配性的男性气质，"并以此稀释和弱化新父职理想中作为照料者的女性气质"[1]。这也意味着，男性与女性在育儿中的不平等地位依然存在，因此未来的父职研究仍然需要展开更审慎的权力分析。

另外，上述研究聚焦的群体为当代中国城市的中产阶层，从各位爸爸博主的分享中可以发现，他们大多有着不错的社会职业乃至经济实力，可以视作"有钱有闲"阶层，也只有在养家议题不成问题后，回归家庭才可能成为选择。而在中国大多数的家庭中，"丧偶式育儿"[2]

---

[1]　吴璟薇、张雅迪：《数字实践中的"混合父职"建构：爸爸博主的在线自我呈现》，《妇女研究论丛》2022 年第 2 期。

[2]　徐依婷：《"丧偶式育儿"：城市新生代母亲的母职困境及形成机制》，《宁夏社会科学》2020 年第 6 期。

仍然很常见，这也意味着养家糊口依旧是最重要的父职体现，诸如情感关爱与陪伴照料则会全部推给母亲，这也再次显示出数字时代传统性别分工结构的稳固性。

## 第四节　表情包：数字化排斥

中国社会科学院社会学研究所、腾讯社会研究中心、中国社会科学院国情调查与大数据研究中心联合发布的《我国中老年人互联网生活研究报告》显示，仅有 20% 的中老年人会制作微信表情包。[①] 由此可以看出，制作表情包的话语权仍然掌握在年轻一代的手中。年轻一代在制作"中老年表情包"的过程中，也会设想亲代的使用偏好，例如使用鲜艳的配色、亮闪的文字以及励志的语言等元素。这一行为体现了子代对亲代审美水平和表达需要的想象与重构。但在某种程度上，年轻人用他们分配给中老人的符码，在代际群体间画出一道清晰的界线。由于数字技能的差异，中老年人无法参与以表情包为武器的博弈，在一定程度上被动地使用着充满"刻板印象"的表情包。

表情包的生产被打上明显的年轻群体的文化烙印，年轻网民们长期浸淫在各种网络亚文化中，解构规则，打破套路，通过创意性组合，赋予表情包更丰富的内涵。有研究者指出，表情包采用的是一种"套层"机制，各种不同的元素层层套在一起，而"套层机制的实质恰恰在于层与层之间的不稳定，图像成为流动的，可以随意拆解任意组合。现在，任何一个图像都在忐忑不安地恐惧着自己的去处，它的任意部分都可以随时滑脱出去，仿佛孤魂野鬼，再与另一个幽灵相遇，成为一个意义套叠却最终正正得负的怪兽"。[②]

① 田丰：《我国中老年人互联网生活研究报告》，《光明日报》2018 年 3 月 22 日，第 15 版。
② 唐宏峰：《套层与滑脱：表情包大战的图像分析》，《中国图书评论》2016 年第 6 期，第 106 页。

目前对于表情包的研究已经有许多，研究视角多从亚文化、自我展演、符号消费、民族主义等角度展开，对表情包本身进行各种各样的阐释。部分文章在分析发送表情包的动机时提及群体认同，认为表情包的选择和使用在某种程度上体现了群体的划分。网络表情包如同一种潜在的身份标签，实际上建立了一种壁垒，让其他缺乏数字媒体使用技能的群体被隔绝在外，也就是数字化排斥。

"数字化排斥"这一概念常与"数字弃民""数字鸿沟""数字代沟"等概念一同出现，被用于分析不同群体在数字媒体使用上存在的差异。具体来说，是信息和通信技术上不平等的获取途径和使用能力导致了差异，而这些能力恰恰是充分参与社会的关键[1]。

随着互联网嵌入生活的各个方面，成为人在社会生活中不可缺少的一部分，学者们对于数字排斥研究不断深入与细化。学者胡泳将数字排斥的源头分为自我排斥、财务排斥、技能排斥、地理位置排斥。自我排斥与厌恶变化和新事物有关；财务排斥则与付费能力有关；技能排斥会因缺乏数字技能且没有获得支持和帮助而产生；地理位置排斥指的是偏远地区的人们面临着物理服务和在线服务双重受限的不利条件。[2] 这四个源头实际上可以精简为客观的设施与技能差异和主观的意愿差异。学者们的研究基本从这两个角度出发。如凡·迪克（Van Dijk）和凡·德森（Van Deursen）从互联网技能的差异分析数字鸿沟，包括基本操作技能、运用互联网解决具体问题的技能等，[3] 埃伦·赫斯普（Ellen Helsper）和凡·德森补充说，沟通和社会情感技

---

① A. Schejter, O. R. Ben-Harush, and N. Tirosh, "Re-theorizing the 'Digital Divide': Identifying Dimensions of Social Exclusion in Contemporary Media Technologies" (paper persented at the Face Conference: European Media Policy 2015: New Contexts, New Approaches, Helsinki, April 2015).

② 胡泳:《关注"数字弃民"》，微信公众号，https://mp.weixin.qq.com/s/zID8Ro31t_zgo6nVQLESBA，最后访问日期：2024 年 1 月 12 日。

③ Van Deursen J. Alexander and Van Dijk A. Jan, "The Digital Divide Shifts to Differences in Usage", *New Media and Society*, Vol.16, No.3 (2014): 507-521.

能也应该包括在这个框架中，因为这些技能是社交媒体环境中的重要技能[1]。这些研究的视角从访问和功能使用到人们的在线互动，都基于客观技能的使用分析了数字化排斥产生的原因，赫斯普展现了缺乏数字素养阻碍了人们的互联网参与，也强调了人们主观意愿的差异导致的数字排斥，如人们对科技的消极态度使其选择不使用互联网[2]。

　　学者们也针对不同的群体进行了数字排斥的相关研究。如匡文波等以大学生群体为分析对象，在探究微信表情使用动机时提及同伴压力是促使用户使用与更新表情的原因之一。他认为表情包是同伴交流中的通行卡，不懂得使用表情包的人自然就会被排斥在圈子之外。同时，该研究指出，部分受访者会收藏并使用比较"污"的表情，这些表情涉及性暗示、引诱、恶搞等因素，但使用范围仅限于关系亲密的好友、对象、闺蜜、室友等[3]。也就是说，表情包的使用是分远近亲疏的：对于陌生人，年轻人会使用一些中规中矩不出错的表情包，表达出恰当意思，适当调节聊天气氛；但对于熟悉的人，年轻人便会使用更大胆更冒犯的表情包。

　　随着全球老龄化群体数量不断上升，银发一族成为研究的焦点。如赫斯普和凡·德森从物质和社会心理因素层面研究了老年人群体的网络使用，发现老年人不使用互联网的原因有性别、年龄、教育程度、家庭组成和对互联网的态度，而传统媒介素养和数字素养则是解释他们不使用网络的关键。张硕和陈功试图在统计分析的基础上找到中国城市老年人新媒体使用的影响因素，来自北京市朝阳区的 1963 位老人的数据显示，年龄、视力、教育水平和经济状况显著影响老年人对新

①　Van Deursen J. Alexander and Helsper J. Ellen, "A Nuanced Understanding of Internet Use and Non-use Among the Elderly", *European Journal of Communication*, Vol.30, No.2(2015): 171–187.

②　Helsper Ellen, *Digital Inclusion: An Analysis of Social Disadvantage and the Information Society* (Oxford Internet Institute, 2008).

③　匡文波、邱水梅:《大学生的微信表情使用行为研究》,《国际新闻界》2017 年第 12 期。

媒体的使用。令人吃惊的是，主观因素的三个指标都不具有显著性。[1] 在其他研究中，生理状况对新媒体采纳与使用的影响也超越了主观意愿。比如在哈尔滨的调查发现，身体健康的老人使用手机的意愿显著高于身体衰弱的老人[2]；罗纳德·麦戈伊（Ronald McGaughey）[3] 等人和雪莉·埃文斯（Shirley Evans）等人[4] 的研究也凸显了生理障碍和感官退化（视觉、听觉、触觉退化，行动不便，手指不灵活等）对老年人使用智能手机和在线学习的影响。

部分国外研究还从数字化排斥入手，分析存在的种族歧视问题。如凯特·米尔特纳（Kate Miltner）的研究提到，美国负责表情编码和维护的机构因为原始表情符号集的种族同质性而受到了抨击，Unicode 7.0 这个版本中涉及人像的表情包都是浅肤色的人种，许多人认为这是对其他人种的不公平，是一种数字化排斥[5]。这种情况并非首次发生，2013 年，一份请愿书公开请求苹果扩大表情集的种族构成："……在这 800 多个表情符号中，只有两个像有色人种，一个看起来有点像亚洲人，另一个戴着头巾。"[6] 人们对表情包有不同的解读，由此可能产生各类的数字排斥。从宏观上看，表情包的设置更是涉及复杂的社会公平问题，包括不同种族、不同信仰、不同风俗等的数字公平问题。

① 张硕、陈功:《中国城市老年人新媒体使用影响因素研究——基于北京市朝阳区的调查》,《南方人口》2013 年第 4 期。

② 甘勇灿、盖龙涛:《"三网融合"进程中老年群体网络媒介使用行为调查——以哈尔滨地区为例》,《新闻传播》2013 年第 9 期。

③ R. E. McGaughey, S. M. Zeltmann, and M. E. McMurtrey, "Motivations and Obstacles to Smartphone Use by the Elderly: Developing a Research Framework", *International Journal of Electronic Finance*, Vol.7, No.3 (2023): 177-195.

④ S. Evans, and S. Minocha, E-learning and over 65s: Designing for Accessibility and Digital Inclusion (paper presented at the 29th Annual International Technology and Persons with Disabilities Confenence, San Diego, CA, March 2014).

⑤ K. M. Miltner, "'One Part Politics, One Part Technology, One Part History': Racial Representation in the Unicode 7.0 Emoji Set", *New Media & Society*, Vol. 23, No.3 (2021): 515-534.

⑥ Fast Company, "Are Emoji Racist?" Accessed March 26, 2013, https:// www.fastcompany. com/3016256/are-emojis-racist.

本节开头提到的现象，便可以从数字排斥角度进行分析。以表情包分析为主题的研究，虽然很少直接使用"数字排斥"这个概念，但或多或少都暗含其影子。彭兰指出，"中老年表情包"的绝大多数生产者也是年轻人，一些年轻人也会在一些场合使用这些表情包，从某种意义上讲这是年轻人对中老年人所依从的主流文化的一种解构。[①]中老年爆款表情包的背后暗藏着不同表情包使用群体对社会乃至文化阶层的身份区隔，且无论是中老年表情包的制作意图、用户结构，还是创意命名，在某种程度上所呈现的是由掌握网络话语霸权的年轻世代对中老年表情包使用群体的歧视、排斥与放逐。

除了表情包，还有许多互联网现象可以用数字化排斥来解释。像"ZQSG""U1S1""火钳刘明""你个老6"等网络用语，表达间接有趣，且流行于一定的圈层内。对于父母等群体而言，由于数字媒体参与和使用的差异，他们无法对这些符号进行准确解码，在交流中就会产生一定的传播隔阂。而需要注意的是，一些社会排斥所导致的数字排斥背后有着更复杂的结构性问题，而传播研究对数字化排斥进行研究，也正是要回答如何能够最大限度地去弥合这些差异，让更多的群体广泛参与到社会生活中。

## 第五节　屏幕里的亲情：远程家庭沟通中的数字不对称

晚上7点的男生宿舍，小刚的十指正在键盘上飞速游走，控制着游戏角色的技能输出，同时他还不时地抬眼看向桌面立着的手机屏幕，摄像头的另一端是他在甘肃老家的奶奶。去外省念大学之前，小刚把自己淘汰掉的智能手机留给了奶奶，方便随时联系。但山里的网不好，奶奶的手机虽然连着邻居家的Wi-Fi，却不够稳定，当在厨房、卧室和阁楼

---

① 彭兰:《表情包:密码，标签与面具》，《西安交通大学学报（社会科学版）》2019年第1期。

时，视频画面就会卡顿。小刚教过奶奶，打电话要在客厅里，把门打开，这样信号才好，但老人下一次就又忘了。小刚无奈地笑了笑，"每次网卡了，我奶奶也不会挂，所以等网恢复的这会儿功夫，我干脆开把游戏"。

相较于小刚在视频通话中遭遇的技术上的"一心二用"的无奈，小萍面临的则是通话内容上的困扰。上初中以来，小萍越来越不喜欢和远方的父母通电话了，她常常感到"没话说"。这是为什么呢？原来，父母总是念叨小萍的学习，这让她感到厌烦，"每次打电话都是问成绩，我过得开不开心，他们从不在意"。可电话另一头的父母却觉得小萍不够懂事，"都说女儿是小棉袄，我们丫头可一点也不会体谅人，还嫌我们唠叨"。

小刚和小萍的故事只是中国千万个异地家庭的一个缩影。自20世纪末以来，中国中西部地区的人口和劳动力持续向东部发达地区聚集和转移。根据第七次全国人口普查数据，2020年中国流动人口规模近3.8亿人[①]。进城务工、跨省市上学……人口流动的加剧使得家庭成员分隔两地，改变了传统家庭结构与亲密关系。此种情况下，他们如何联络家人和维系异地亲情？这种远程家庭人际沟通体现出何种新现象、新问题？数字不对称理论或许可以为我们带来一些启发。

## 一 数字不对称理论

在以家庭为单位的数字人际沟通中，移动通信设备俨然已成为重要的媒介纽带。作为私人化、工具性和情感性的技术混合体，移动通信设备在进入家庭这一驯化场所后，会引发哪些情感上的二元反应？是期待还是恐惧？快乐抑或是痛苦？将如何影响家庭互动和塑造家庭关系？正是带着这样的思考，2016年，新加坡学者Sun

---

[①] 国家统计局：《第七次全国人口普查公报》，中国政府网，https://www.gov.cn/guoqing/2021-05/13/content_5606149.html，最后访问日期：2024年1月11日。

Sun Lim 提出了数字不对称（digital asymmetries）理论。基于对多个亚洲家庭融入移动通信设备实践的观察，Sun Sun Lim 总结出不对称（asymmetries）这一媒介共性，以描述家庭成员之间不均等的媒介权力关系[①]。她发现，当家庭成员处在不同的社会结构或地理条件下，家庭成员的交流会在日常生活、情感体验、信息技术使用结果等方面体现出数字不平等。根据 Sun Sun Lim 的论述，数字不对称主要包括六种类型。（1）"接入不对称"（access asymmetry），信息通信技术可用性的差距导致家庭成员的信息接入水平不同。这尤其体现在跨国家庭中，居住在国外的家庭成员往往比国内的家庭成员拥有更高的接入程度。（2）"能力不对称"（competency asymmetry），指家庭成员在数字技能上体现出的差距，例如青年人比老年人拥有更强的数字技能。（3）"权力不对称"（power asymmetry），指某家庭成员对其他家庭成员的信息技术使用行为进行控制或施加条件，例如伴侣之间对于使用数字设备的单向监控[②]。（4）"期望不对称"（expectation asymmetry），指亲子之间在数字沟通中对于可接触性（contactability）的期望的不一致，即能否以及是否愿意参与数字沟通，例如不少父母热衷于每日和孩子打视频和语音电话，但一些孩子认为这种紧密的联系对自己的生活形成了困扰[③]。（5）"实践不对称"（practice asymmetry），用以描述父母（及大家族）对孩子使用移动设备的规定不一致的情境。（6）"价值不对称"（value asymmetry），指家庭成员对信息技术的价值认知上存在冲突和矛盾，例如移动通信设备究竟是有助于获取知识还是更容易导致媒介成瘾。

---

① Sun Sun Lim, "Asymmetries in Asian Families' Domestication of Mobile Communication", in Sun Sun Lim, ed., *Mobile Communication and the Family: Asian Experiences in Technology Domestication* (Dordrecht, NL: Springer, 2016), pp.1-9.

② Hannaford Dinah, "Technologies of the Spouse: Intimate Surveillance in Senegalese Transnational Marriages", *Global Networks*, Vol.15, No.1 (2015): 43-59.

③ Sukk Marit and Andra Siibak, "My Mom Just Want to Know Where I Am': Estonian Pre-Teens' Perspective on Intimate Surveillance by Parents", *Journal of Children and Media*, Vol.16, No.3 (2022): 424-440.

要廓清数字不对称的概念，还需要对数字鸿沟（digital divide）及数字不平等（digital inequality）进行区分。数字鸿沟指不同国家、不同地区、不同群体之间在使用通信技术方面的差异，包括互联网接入差异、使用差异和效果差异（接入和使用所带来的知识、收益等层面的差异）。而数字不平等的指涉范围更广，数字技能、设备、社会支持、自主性、使用范围等多层次差异都被纳入其中[1]。但是数字不平等不仅发生于不同经济背景的个体之间，同样也体现在家庭内部的成员之间。因此，数字不对称既可以被视为驯化理论在跨国和远距离家庭沟通情境中的新发现，又可以被视为数字不平等理论在家庭场域内的新发展。

那么回到本节开头的故事，小刚和小萍分别面临的是哪一面向的数字不对称呢？在小刚和奶奶的视频通话中，奶奶的网络信号时好时坏，小刚不得已只能一边打游戏一边等待网络恢复，这便是接入不对称所导致的。尽管奶奶蹭着邻居家的 Wi-Fi 网络，但受限于物理空间和当地欠发达的网络基础设施，奶奶的网络接入程度无疑是很低的。相比之下，小刚则可以在大小屏幕之间流畅切换，双方不均匀的宽带接入打破了交流的连贯性。而在小萍和父母的视频通话中，我们可以看到期望不对称所产生的影响。小萍希望父母可以少过问成绩，多聊聊生活；父母则认为小萍应更加体贴和关心父母。这样一来，对彼此情感展露的期望不一致便导致了交流中的话不投机。

## 二 数字不对称理论的运用与发展

既有实证研究重点探讨了接入、技能、实践、权力等客观存在的不对称条件，较少关注期望、价值等主观感知层面的不对称。在

---

① P. Di Maggio, E. Hargittai, "From the 'Digital Divide' to 'Digital Inequality': Studying Internet Use as Penetration Increases" (paper presented at the Center for Arts and Cultural Policy Studies, Woodrow Wilson School, Princeton University, Princeton, NJ, 2001), pp.1-21.

这一背景下，Wang Yang & Sun Sun Lim[1]通过对新加坡的中国"陪读妈妈"的研究发现：受过良好教育的"陪读妈妈"仍然受限于社会文化和性别的不平等，体现出期望不对称和自主不对称（autonomy asymmetry）。这一研究发展了既有的期望不对称的概念[2]，指出其不仅包括数字接触的不平等，还涵括交流主体在交流期望上的不平等，具体包括：沟通质量、情感披露以及彼此感知到的亲密程度。例如，"陪读妈妈"们在与丈夫的线上通话中投入了大量情感，却鲜少得到对方类似的情感反馈和支持。自主不对称这一新概念指人们在自由决定何时、何地以及在使用信息通信技术的程度上存在差异。这是权力不对称的一种变体，相较于权力不对称对控制其他家庭成员技术使用行为的强调，自主不对称更关注媒介自由使用行为的差异。例如"陪读妈妈"为了给孩子营造安静的学习环境，总是会不自觉地戴上耳机。这一自主不对称便反映了家庭结构中性别和母职角色的隐形控制，使得"陪读妈妈"在数字技术使用上处于被动的位置。

值得注意的是，在不同的家庭结构中，数字不对称的运作及应对方式具有差异。甘雨梅[3]基于对中国农民工父母与留守子女视频通话的研究，发现在中国远程代际合作育儿中，实践不对称等范畴的作用方式更加微妙和复杂，例如当小孩对着手机摄像头吐口水时，父母和祖父母表现出不同的约束行为，这反映了中国代际合作式家庭中紧张的权力关系，也启发我们应置身于不同的社会和文化情境，去考察数

① Wang Yang & Sun Sun Lim, "Digital Asymmetries in Transnational Communication: Expectation, Autonomy and Gender Positioning in the Household", *Journal of Computer-Mediated Communication*, Vol.25, No.6 (2020): 365-381.

② Sun Sun Lin, "Asymmetries in Asian Families' Domestication of Mobile Communication", in Sun Sun Lin, ed., *Mobile Communication and the Family: Asian Experiences in Technology Domestication* (Dordrecht, NL: Springer, 2016), pp.1-9.

③ Yumei Gan, "Choreographing Digital Love: Materiality, Emotionality, and Morality in Video-Mediated Communication Between Chinese Migrant Parents and Their Left-behind Children", *Journal of Computer-Mediated Communication*, Vol.28, No.3 (2023): 6.

字不对称的差异化运作。

如前所述，数字鸿沟和数字不平等被用于描述不同社会成员之间的信息技术行为差异，数字不对称则被用于分析家庭内部的传播现象。那么还可以进一步思考的是，在家庭和社会这两个情境的接合处，数字不对称又将如何发挥影响呢？例如在我们的日常生活中，留心观察可以发现，"老人摆摊卖菜，子女在家收钱"并不鲜见。街边卖菜的老奶奶的收款二维码，不少绑定的便是丈夫、儿女甚至儿媳的通信设备。在这一现象中，代际支持、夫妻协作的家庭共同体策略本被用于应对智能支付手段的迭代，却进一步加剧了代际和性别不平等下的数字不对称，使得老年摊贩处于更加弱势的地位。学习完本小节的理论，你还联想到了生活中哪些相关的故事呢？除了 Wang Yang & Sun Sun Lim 所提到的几种数字不对称类型之外，还有哪些未被提及的不对称特征可以补充和发展此理论呢？

## 第六节　少年触网之烦恼：基于父母干预理论的视角

"快，快准备，这把我打野，我们速战速决，我马上就得下线了。"上一把游戏的战绩不佳，龙龙有些着急了。这是他一周内难得的惬意时光，但惬意时光现在只剩下不到十分钟了。每周六晚上的七点到八点，是龙龙可以自由使用父母手机的娱乐时间，除此之外，五年级的龙龙只能在电话手表的小屏上悄悄地玩一些小游戏。而对于父母在几千公里之外打工的佳佳而言，使用手机则自由很多。爷爷奶奶忙于农活，不仅无暇监督她，她甚至还用爷爷的身份证注册了游戏和短视频平台账号，她得意地说："我们班很多同学都这样干，我们都是高龄玩家，哈哈。"但佳佳也有一些烦恼，下学期升入初三，妈妈就要回到老家陪读，这意味着到那个时候，她使用手机就不可能再如此随心所欲了。

26

从龙龙和佳佳的故事中，我们可以看到父母在儿童手机使用中所发挥的不同程度的影响。作为数字原住民的 Z 世代，龙龙和佳佳自童年起便生活在由电子游戏、短视频等组成的数字世界中。但是对于缺乏数字媒介素养的未成年人而言，网络成瘾、数字欺凌、隐私泄露等风险都可能随着每一次触网而产生，为了规避网络带来的不良影响，父母在孩子的手机使用行为中同样扮演着监护人的角色。

那么，同样聚焦孩子媒介行为管理的父母干预理论可以带给我们哪些灵感呢？

## 一　父母干预理论的溯源

父母干预理论（Parenting Mediation Theory）认为，父母通过人际沟通，对子女的媒介使用行为实施管理和调解策略，降低媒介对孩子的身体、情绪、心理和健康层面的潜在消极影响，同时这种有关媒介的讨论有助于帮助儿童及青少年融入社会。[①] 这一理论诞生于 20 世纪 80 年代的美国，彼时的美国政府解除了对媒体的管制命令，儿童电视节目的标准随之降低，许多父母担忧电视节目对孩童产生负面影响，遂介入孩子的电视观看行为。1982 年，学者拜比·卡尔（Bybee Carl）首次阐述了父母干预行为的多重维度[②]，具体包括：限制性指导（restrictive guidance），指对孩子电视观看量的控制；评估性指导（evaluative guidance），指父母帮助孩子评估电视节目的意义、道德和特征；非重点指导（unfocused guidance），指一般的、无明显突出特征的干预方式。后续的学者尽管使用的表达术语不同，但多认为父母干

---

[①] Lynn Schofield Clark, "Parental Mediation Theory for the Digital Age", *Communication Theory*, Vol.21, No.4 (2011): 323–343.

[②] Bybee Carl, Danny Robinson and Joseph Turow, "Determinants of Parental Guidance of Children's Television Viewing for a Special Subgroup: Mass Media Scholars", *Journal of Broadcasting & Electronic Media*, Vol.26, No. 3 (1982): 697–710.

预涵括以下三种类型：一是限制型干预（restrictive mediation），指父母为儿童的电视消费行为设定规则，包括观看时间、时长、地点以及频道内容；二是共同观看（co-viewing），父母和孩子共同在场观看电视，但不对电视的内容和使用方式做出讨论；三是积极型干预（active mediation），指父母与孩子一起讨论电视节目和广告，积极型干预发生于共同观看的行为中[1][2]。尽管积极性干预在增强儿童的批判性思维和缓解媒体的负面影响方面体现出正向效果，但讨论的内容或将导致这一善意的干预形式带来糟糕的结果。例如，在陪同孩子观看电视节目时，父母过多地讨论节目中角色的外表，则可能导致负面身体意象的生成，青少年更有可能产生强烈的瘦身欲望和厌食症[3]。总的来说，以上这一三维的父母干预理论构成了后续研究所遵循的主导框架。

父母干预理论同样具有一定的局限性。学者林恩·斯科菲尔德·克拉克（Lynn Schofield Clark）总结如下。其一，该理论根植于媒体效果的研究范式，学者们倾向于关注父母对于媒体的负面影响的干预方式，而忽视了对父母利用媒体的积极影响的探讨，并且忽略了影响父母做出媒介调解决策的社会压力。其二，该理论聚集认知发展和儿童脆弱性，往往关注年龄较小的儿童，相关研究忽视了孩子进入青少年时期后对于亲子关系不断变化的需求。其三，父母干预理论根植于电视时代，而这一理论如何应用于数字媒介环境，仍待探讨。[4]

---

[1] Amy I. Nathanson, "The Unintended Effects of Parental Mediation of Television on Adolescents", *Media Psychology*, Vol.4, No.3 (2002): 207-230.

[2] Mendoza Kelly, "Surveying Parental Mediation: Connections, Chanllenges and Questions for Media Literacy", *Journal of Media Literacy Education*, Vol.1, No.1(2009): 28-41.

[3] Amy I. Nathanson, and Renee A. Botta, "Shaping the Effects of Television on Adolescents' Body Image Disturbance: The Role of Parental Mediation", *Communication Research*, Vol.30, No.3 (2003): 304-331.

[4] Lynn Schofield Clark, "Parental Mediation Theory for the Digital Age", *Communication Theory*, Vol.21, No.4 (2011): 323-343.

## 二 父母干预理论的发展与应用

进入 21 世纪以来，数字媒介技术迅速迭代，智能手机、电子游戏等数码媒介逐渐取代传统的电视、电影，成为父母干预的新对象。媒介和通信技术环境同时变得更加复杂。一方面，媒介产品激增；另一方面，干预新媒介使用行为对于父母的数字技能提出了更高要求。聚焦这一新情境，学者们不断补充和完善传统的父母干预理论，以提高其在数字媒介环境中的解释力。随着媒介使用者的参与程度提升，共同观看（co-view）的概念逐步发展为共同使用（co-use）[1]和电子游戏研究中的共玩（co-play）[2]。索尼娅·利文斯通（Sonia Livingstone）和埃伦·赫尔斯伯（Ellen Helsper）将父母干预理论发展为四种类型：主动的共同使用（active co-use）、交互限制（interaction restrictions）、技术限制（technical restrictions）和监控（monitoring）[3]。其中，主动的共同使用由共同使用和积极型干预的概念整合而来。因为在传统媒体时代，父母和孩子可能会同处一室一起看电视，但鲜少交谈，而置身于新媒体时代，共同使用计算机或手机触发了更加活跃的交流。传统理论中的限制型干预则被进一步细分为交互限制和技术限制，前者指对电子邮件、即时通信等在线社交行为进行限制，后者指通过安装过滤软件或监控软件，阻止孩子的部分媒介使用。监控策略则是基于新媒介环境的补充，指父母暗地或公开地监视或检查孩子的在线活动痕迹，例如检查他们的网络页面或电子邮件。

父母干预理论延续媒体效果的研究范式，并借鉴发展心理学和认

---

[1] Kirwil Lucyna, "Parental Mediation of Children's Internet Use in Different European Countries", *Journal of Children and Media*, Vol.3, No.4 (2009): 394-409.

[2] Nikken Peter, and Jeroen Jansz, "Parental Mediation of Children's Videogame Playing: A Compalison of the Reports by Parents and Children", *Learning, Media and Technology*, Vol.31, No.2 (2006): 181-202.

[3] Livingstone Sonia and Ellen J. Helsper, "Parental Mediation of Children's Internet Use", *Journal of Broadcasting & Electronic Media*, Vol.52, No.4 (2008): 581-599.

知发展的观点。相关研究以定量研究为主，主要包括两类议题。一是关注影响父母干预措施的各类因素，如孩子的年龄、性别，父母的性别、受教育程度以及社会经济地位等人口统计学特征。除此，媒介素养、媒介影响感知、家庭教养方式、社会文化亦被纳入分析框架中。二是基于不同的媒介干预策略的效果分析，探讨家长的干预对子女的认知能力、性别观念、媒介成瘾倾向、学习兴趣等方面的影响，同时还挖掘了干预效果背后的影响因素及作用机制[1]。步入新媒体时代后，不少质性研究兴起以探讨具体干预过程的动态变化，或深化各项干预策略内部的复杂性。例如，学者基于对 41 位 12—17 岁参与网络游戏的青少年及其家长的深度访谈，将数字媒介时代的父母媒介干预细化为四种活动：把关、沟通、转移注意力、调查[2]。有学者聚焦新生儿和婴儿的媒介自主权，提出将媒体托管（media trusteeship）作为父母干预在低龄儿童阶段的补充策略[3]。亦有学者提出"启动"（initiating）、"促进"（facilitating）、"支持"（scaffolding）、"延伸"（extending）、"联结"（relating）等策略，以补充原有的积极型媒介干预策略[4]。总之，媒介干预策略得到不断扩充和完善。曾秀芹等人指出，未来的父母干预研究可以在以下四个方面继续深入探索：（一）革新新媒体时代下的父母干预框架；（二）关注农村留守儿童与流动儿童；（三）聚焦特殊家庭模式和纳入同辈影响；（四）糅合媒体日记、民族志等多元研究方

① 曾秀芹、柳莹、邓雪梅：《数字时代的父母媒介干预——研究综述与展望》，《新闻记者》2020 年第 5 期。

② Hee Jhee Jiow, Sun Sun Lim, and Julian Lin, "Level Up! Refreshing Parental Mediation Theory for Our Digital Media Landscape", *Communication Theory*, Vol.27, No.3 (2017): 309-328.

③ Thorsten Naab, "From Media Trusteeship to Parental Mediation: The Parental Development of Parental Mediation", in Mascheroni Giovanna, Cristina Ponte and Ana Jorge (eds.), *Digital Parenting: The Challenges for Families in the Digital Age, Yearbook* (Gothenburg: Nordicom, University of Gothenburg, 2018), pp.93-102.

④ Fiona Louise Scott, "Family Mediation of Preschool Children's Digital Media Practices at Home", *Learning, Media and Technology*, Vol.47, No.2 (2022): 235-250.

法与研究视角。[①]

　　回到本节开头的故事，龙龙的父母严格管控和限定了龙龙使用智能手机的时长，这一行为便是限制性干预措施，这也是绝大多数的中国家长采取的干预策略。根据中国青少年研究中心发布的 2019 年度《中小学生网络游戏的认知、态度、行为研究报告》[②]，规定孩子玩网络游戏的时间是父母最普遍采取的措施（66.6%），其次是监督孩子玩游戏的时间（55.7%），再次是限制孩子玩网络游戏费用（52.7%），而曾与孩子一起玩网络游戏的比例仅为 13.8%。与此同时，我们也不能忽视不同家庭中差异化的媒介干预措施背后的结构性问题。例如，和被父母严格限制屏幕使用时长的龙龙相比，佳佳所代表的农村留守儿童在手机使用上更加无所拘束。除了体现出对于具体媒介使用的限制性干预程度的城乡差异之外，未成年网民的上网设备拥有情况也表现出明显的城乡差异。《2021 年全国未成年人互联网使用情况研究报告》[③]显示，69.2% 的农村未成年网民拥有自己的手机，超出城镇未成年网民 (58.3%) 近 10 个百分点，而拥有平板电脑、笔记本电脑等其他上网设备的比例均明显低于城镇未成年网民。

　　这些数据提醒我们进一步思考：城乡之间不同的父母干预程度是否预示着新的数字不平等？留守儿童的远程干预策略如何与数字亲情形成互构？留守儿童的媒介干预缺失将如何影响他们的社会资本积累和社会化？这些问题仍然等待着我们去探索和回答。

---

① 曾秀芹、柳莹、邓雪梅：《数字时代的父母媒介干预——研究综述与展望》，《新闻记者》2020 年第 5 期。

② 孙山：《中国青年报中小学生网游调查：什么样的孩子不会沉迷网游》，中青在线，http://zqb.cyol.com/html/2019-03/07/nw.D110000zgqnb_20190307_1-08.htm，最后访问日期：2024 年 1 月 11 日。

③ 共青团中央维护青少年权益部：《2021 年全国未成年人互联网使用情况研究报告》，中国青年网，https://news.youth.cn/gn/202211/t20221130_14165457.htm，最后访问日期：2024 年 1 月 11 日。

## 第七节　家族微信群：中介化的孝道实践

在外地上大学的李坚会不时地在家庭微信群里分享自己的日常。一天，他发送了自己晨跑后拍的一个视频，在滤镜之下，李坚夸张的圆脸庞带着搞怪的妆造。不料父母看了视频后十分不满，觉得这不符合男子气概，会损坏李坚的形象，因此希望李坚从社交平台上删除这个视频。李坚解释无果，选择了删除视频，并且在下午集体活动后又发了一张正常的合照，父母在群里连竖大拇指称赞儿子帅气阳光。不论是删除视频还是补发合照，李坚的出发点都是为了避免争吵，维护和谐的亲子关系。生活中有许多这样的例子，异地的孩子往往通过家庭微信群和父母保持联络，让父母安心，这是一种维护家庭关系的举措，是一种以网络为中介的孝道实践，但实践中也可能产生一些矛盾和问题。这种孝道实践与传统方式有何不同？背后呈现出哪些新的现象与问题？这一发现又能为新时代的亲子关系维持提供何种支持？接下来，我们一起来看看。

### 一　中介化的代际交流与孝道展示

社交媒体的迅猛发展使得不同层面的人际交流都离不开一定程度的"云交流"，代际交往也被社交媒体所中介化。许多质化研究聚焦不同的群体，尤其是聚焦移民子女如何通过媒介对留守的父母施行中介化的孝道。如阿尔文·卡巴昆托（Earvin Cabalquinto）调查了六个移民到墨尔本的菲律宾人与留守父母的线上交往，发现他们会通过日常互动创造一种联系的存在感，如通过移动设备规划家庭的未来，包括线上支付家庭的日常费用、通过社交平台沟通家庭事务的进展等，以此促进跨国交流中的情感关怀。[①] 许峰源（Hsu Jaime）通过对从中国台湾移民到澳大利亚的女性的深入访谈，发现通信技术让虚拟缺席女性避免了与留守的年迈父母间不必要的冲突。[②] 但这些质化研究多从技术可供性或社会结构的视角来探究媒介技术与远距离交往，并未对中介化的孝道展示进行详细的阐述。下面我们将结合一些具体的例子进行讨论。

为父母提供物质保障和情感支持是孝道实践的两条重要路径。经济支持方面，移动支付让赡养变得更加灵活，如一些子女采取绑定亲属卡或者亲属账号等方式为父母提供经济支持，同时也能够对经济风险进行把控。

但如今"老年人对家庭的功能需求从经济支持和财产保护，转移到情感的寄托上"[③]，并且在子女尚未有经济反哺能力时，最主要的孝道实践便是提供情感支持。赵歆昱的研究发现微信家庭聊天组有助于确认他们亲密的家庭关系，而移民学生通过每天分享最近的信息，在情感上孝顺他们的父母。[④] 在家庭聊天组中，参与者基于微信的孝道行为和情感关怀则涉及情感劳动[⑤]。子女通过文本、图片、视频等各种形式来传递和分享自己的动态，创造出彼此陪伴在身边的感觉，由此可以产生出

---

① E. C. B. Cabalquinto, "'I Have Always Thought of My Family First': An Analysis of Transnational Caregiving Among Filipino Migrant Adult Children in Melbourne, Australia", *International Journal of Communication*, Vol.2 (2018): 4011-4029.

② Hsu Jaime (Feng Yuan), "Filial Technologies: Transnational Daughterhood and Polymedia Environments in Transnational Taiwanese Families", *Information, Communication & Society*, Vol.24, No.4 (2021): 507-522.

③ 杨雪晶:《"养房防老"和"大作小"：都市老年人家庭的个体化趋势及合作社模式困境》,《家庭与性别评论（第6辑）》，社会科学文献出版社，2015。

④ Xinyu Zhao, "Disconnective Intimacies Through Social Media: Practices of Transnational Family Among Overseas Chinese Students in Australia", *Media International Australia*, Vol.173, No.1 (2019): 36-52.

⑤ Michelle Share, Cayla Williams and Liz Kerrins, "Displaying and Performing: Polish Transnational Families in Ireland Skyping Grandparents in Poland", *New Media & Society*, Vol.20, No.8 (2018): 3011-3028.

许多交流话题，从交流中获取情感亲密的感觉。通过这种情感劳动，子女能够通过媒介维持家庭亲密关系，获得父母的反馈，引发后续交往行为。

在交流即时性方面，传统孝道要求"父母呼，应勿缓"，也就是说父母有交流需求时，儿女要立刻响应，否则将被视为不孝。但社交媒体为子女提供了一定的自主权，子女可以选择间歇性的断连与延迟回复，并且子女可以为此选择提供正当性，大部分父母不会因为子女没有秒回信息而认定其不孝顺。

关于具体交流方式的选择，也有许多值得探讨的地方。若父母打了视频电话，子女可以根据自己的需要和意愿将其转换成语音通话。虽然许峰源认为基于一种特定的媒体技术提供的"社会线索"越多，子女就越容易被认定为孝顺，视频比起语音显然是能够提供更多"社会线索"的媒介技术，但由于中介化的交往中存在时空区隔，因此有可以操作的空间。学者对此有不同的解读，有研究表明，微信这种数字化平台带来了家庭成员之间的数字化情感依赖，对于无法经常见面的家人来说，他们能够通过在微信上的交流创造一种时刻被陪伴的错觉。[①] 有学者对此进行了消极的解读，认为远距离的通信联系和情感支持是非常脆弱的，无法跨越时空的距离感。[②]

但不论孝道实践的载体是什么，如何展开，这些都需要展示出来。因此值得注意的是：展示的对象是谁？除了父母，人际网络中的亲朋好友也是重要的观看者。比如说一些大家族群，父母子女的交流会被其他的亲戚所围观，子女配合展现家庭和谐与团结，让父母有面子，这就是一种孝顺，因为对父母的情感照顾包括父母对社会如何评价子

---

① 吴炜华、龙慧蕊：《传播情境的重构与技术赋权——远距家庭微信的使用与信息互动》，《当代传播》2016年第5期。

② Wilding Kaeleke, "'Virtual' Intimacies? Families Communicating Across Transnational Contexts", *Global Networks*, Vol.6, No.2 (2006): 125–142.

女行为的感受。[1] 有时，这些对内的交流会被以截图、视频等形式发布于社交平台，比如子女录制的生日视频会被转发到朋友圈，这样就涉及对外的孝顺展示，观众范围更加广泛。但展示行为本身有时也会产生异化，微信场域中典型的社交活动——点赞和红包，会让父母与孩子习惯于用点赞的数量或红包的金额来表达情感，长此以往，现实世界互动不足将会冲淡彼此的亲密感。

## 二 驯化技术：维持自我与孝道的平衡

社交媒体为亲子之间的沟通提供了便捷的工具，为父母提供了更多有关子女的社交线索，但是父母对这些线索的密切关注对于子女可能是一种无形的压力，通过"管教"和"监控"导致子女的负担。但子女也摸索出自己的应对方式，例如，朋友圈区隔这样的隐私管理手段让子女在信息暴露上有了更多的自主权，在保持分享与沟通的同时也能避免矛盾的产生。李闻等人通过对大学生微信朋友圈屏蔽父母的行为的研究发现，部分屏蔽和展现积极的一面对子代促进亲子关系有好处，善意的欺瞒能够减少不必要的代际冲突。[2]

传统的权威性孝道要求孩子能够做出符合父母管教和文化期望的适当行为，一旦父母和子女之间发生冲突，孩子需要牺牲自我意愿，以服从行为表现孝顺。简而言之，服从是孝顺的内在要求。若是父母和子女间发生激烈的冲突，无法在当下进行调和，在家中的子女可能会选择锁门等物理方式进行交流隔绝，线上则会通过拉黑父母达到同样的目的。此时，社交媒体也为"不孝"提供了新的方式。由此也可

---

[1] Ou Chuyue, Todd Sandel and Zhongxuan Lin, "Dis (playing) Mediated Filial Norms: Filial Child Practices on WeChat Among Chinese Cross-border Students", *Information, Communication & Society*, Vol.27, No.3 (2023): 432-448.

[2] 李闻、冯锐：《微信朋友圈中大学生屏蔽父母现象探析》,《今传媒》2016 年第 11 期。

以发现，若想在线上维持二者的平衡，前提是代际间存在的是一些非对抗性的、非即时性的矛盾。

总之，社交媒体作为交往中介在线上的孝道实践中扮演着重要角色，在网络空间中，父母和子女的关系呈现出既联结又区隔的特点。子女运用社交媒体践行着对父母的责任，也以多种形式抵抗着"权威性孝道"中压抑的一面，其背后涉及家庭权力关系的碰撞与重塑。在中介化的孝道实践中，还有许多有趣的现象值得讨论。比如夫妻双方的父母都进入家族群，在两个家庭共在空间中展示孝道有着哪些矛盾？应如何调和？又比如父母让爷孙共同拍摄视频并且上传到社交媒体上，应如何理解这样一种中介化的孝道实践？

# 第二章　学习情景

## 第一节　为了在场的缺席：上网课

从柏拉图假借苏格拉底之口批判书写文字，再到今日互联网的"火焰战争"，交流发生的时候，就是幽灵性在场的时候。在整个历史进程中，人类一直在设法改进其对于周围事物的消息的接收能力和吸收能力，同时又设法提高自身传播消息情报的速度、清晰度，并使方法多样化[①]。疫情带来的社交隔离使得通信技术与生产生活的联系浮出水面。在被迫转向线上的课程和会议中，一个个头像和 ID 随时降临又离开，宛如幽灵一般。面对麦克风说话时，我们常常恐惧自己的声音无法传至屏幕彼端，由此不得不反复确证这一场交流中自己并非对空言说：点名、扣"1"、扫码……而在头像背后，被窥视和控制的恐惧同样弥漫在与会者身边，以学生和员工为例，他们在现实权力关系中处于弱端，可他们也在这一场景转换中一面展现自己的在场，一面进行微弱的抵抗……在无法亲临现场的交流中，我们如何确证对方与自己处于同频之中，这是工业革命以来一直困扰人类的问题。在今天更切要的问题或许是：面对身体的缺席，我们如何通过技术与想象完成与空间的和解？

---

① ［美］肖恩·麦克布赖德：《多种声音，一个世界》，中国对外翻译出版公司第二编译室译，中国对外翻译出版公司，1981，第4页。

## 一 上网课：从柏拉图到耶稣？

对千禧一代而言，"上网课"这一个体经验已经融入了疫情期间的集体记忆，基于平台技术的线上课程在诸多经由网络媒介连通的交往形式中颇具代表性和独特性——出于"资本善治"和"科技向善"的伦理约束①，平台资本将最先进的技术投入线上会议中，以"腾讯会议"为代表的线上会议软件是同类产品中的最先进者。与以往的技术乐观主义不同的是，"网课"诞生之初便包裹在质疑声中：身体不在场，反馈非即时，沟通低质量……这种早已有之而人们却熟视无睹的传播特性忽然被纳入公共讨论。对于疫情语境下的离身传播实践，国内外学界已有相当多的讨论。由于文化差异，英文世界的研究多集中于线上会议造成的社交倦怠，而中文学界则聚焦于网课等传播实践的效果问题，但二者均与对"在场"的追求有关。举个例子，在网课环境下，师生并不处在同一物理空间，对于学习者而言，老师的身体是不在场的。而老师如何让学习者感觉到自己仍像坐在教室里一样，接受老师的讲授和监督，便是对"在场"的追求。

在对电视的研究中，梅罗维茨认为社会场景是我们形成表达和开展实践的基础，这种社会场景应当被视作一种信息系统，也即人们接触他人或社会信息的模式②。视频会议的应用使传统的教学活动也被纳入媒介行为中，办公／学习环境与家居环境的重合使得场景发生冲突，在此情境下的人际传播会同时受二者逻辑的影响。

毋庸讳言，网络媒介的特性在于，其能放大反常的偏向，在漫长

---

① 王维佳、周弘:《规制与扩张的"双向运动"：中国平台经济的演进历程》,《新闻与传播研究》2021年第S1期。

② ［美］约书亚·梅罗维茨:《消失的地域》,肖志军译,清华大学出版社,2002,第15页。

的网课教学期间，网课学习者每日数小时面对电脑屏幕难免会有无聊走神的情况，而网络平台的技术特性使得学习者可以通过"静音"或"退群"来拒绝听课，出于"对空言说"的恐惧，老师们需要通过各种方式确证学生的"在场"：线上点名、开麦、打开视频、随堂练习……这些或是通过不平等的权力关系或是借由仪式完成的组织实现了注意力在场。美国社会学家兰德尔·柯林斯（Randall Collins）提出互动仪式链理论也可以用于解释网络中的这一互动，其以情境为出发点，认为互动是社会动力的来源。互动仪式有四个要素或初始条件：两个或两个以上的人聚集在同一场所，无论他们是否会特别有意识地关注对方，都会因为其身体在场而相互影响；对局外人设定了限制，因此参与者知道谁在场，谁被排斥在外；人们将其注意力放在共同的对象或活动上，并通过相互传达他们所认为的关注焦点，人们分享共同的情绪或体验[①]。在网课活动中，身体不在场的影响需要通过各种手段消除，而这一临时共同体的边界也需要经由在场感建构，除了传统课堂上的经验，老师们往往也只能期望依靠技术消灭技术带来的问题，这一顺势疗法也是交流实践被迫从"对话"变为"撒播"的过程：在现实空间的场景分离时，即时的对话和讨论不再可能，即便视频会议能够实现多人讨论，但同时开麦还是会造成嘈杂的声音效果使得讨论无法高效进行，讲者只能通过一对多的撒播（几乎无互动）进行交流。

## 二 暂时的残障经验

不同时期的不同连接模式，在不同方向上满足了人们的社会关系需求，而不同模式也限制和塑造着交流的形态。

事实上，Zoom 会议的设定将我们每个人都变为暂时的残障人士：

---

① ［美］兰德尔·柯林斯：《互动仪式链》，林聚任、王鹏、宋丽译，商务印书馆，2010，第79页。

适应远程工作、熟悉网络会议、调整居家办公节奏、平衡工作与生活，每个残障人士都有自己接触、适应社会以及使用技术的一套方式，他们对所谓"缺陷"的认知，恰恰不是"缺陷"本身，而是一具独一无二的身体在各种环境中表现出来的长处和不足。从这个角度来看，没有人拥有所谓"标准"的身体，更没有一成不变的环境，每个人都有感到不适、缺憾的时刻，亦会经历适应的过程，残障人士的经验则是将这些时刻和过程放大与日常化。① 这些适应的方式与经验，对以健全人为主的社会亦有相当大的启发。事实上，以数字技术为中介的交往也是一种暂时性的残障体验，只不过具身交往的选项被疫情切断，才使这一残障想象显影。

从实体的智能手机、可穿戴设备到各类社交应用，设备与场景的限定使得人际交往必须服从技术逻辑。在视频会议中，我们几乎难以见到对方胸口以下的部分，这一限制导致我们不得不隔着屏幕面面相觑，放大脸上的每一个细节。

网课让学习变得更轻松了吗？或者说，时空分离消解了现实中的权力关系吗？很多人的答案或许是："并没有"。甚至线上课程和学术会议还会令人苦恼，海外学者将 Zoom 平台上的自己称为"Zombie"（僵尸）。Zoom 倦怠的形成有四个成因：凝视焦虑、镜像焦虑、线索缺失、身体局限。②

在网课中，由于线上会议平台的视频连线功能，与会者往往需要打开摄像头同时面对他人的面孔，而这样长时间近距离的注视在此前只存在于亲密关系之中，当这一种对老师、同学甚至陌生人的凝视以相当的频率持续数小时时，我们难免会感到不适。视频的具身性与直播的即时性消弭了社交距离，在九宫格中，每个参会者与镜头间的距

---

① 信睿周报编辑部：《复调世界》，中信出版集团，2023，第 113 页。
② Jeremy N. Bailenson, "Nonverbal Overload: A Theoretical Argument for the Causes of Zoom Fatigue", *Technology, Mind, and Behavior*, Vol.2, No. 1 (2021).

离都在亲密距离以内，而日常生活中非亲密关系中的双方在有选择的情况下，多会避开长时间的眼神接触。即便在真正的课堂和学术会议中，人们也更习惯低头翻阅自己的讲义而非直接注视发言者。这一平台特性仿佛将与会者困在了电梯里，不幸的是，在这个"电梯"中并没有转移与会者尴尬的电梯广告供其观看。

"开镜头"这一行为同样还带来了镜像焦虑。事实上，在疫情迫使课堂和学术会议转向线上会议平台之前，人类从未如此长时间地注视自己。芝加哥学派的先驱库利提出"镜中我"理论，他以"镜中我"象征人的自我认识和社会期待，以对着镜子的人作比来映射社会，而当人们长时间地面对真实的镜子眼见自己的一举一动时，会不由自主地做出自我评价并试图改变自身形象：清嗓子、撩头发、扶眼镜……即便平台提供了最小化视图的选项，镜中的形象仍会固执地出现在屏幕边缘。线上会议平台的初衷是通过视频连线尽量减少空间阻隔带来的不便，然而这一用技术消灭空间的尝试却让许多人反受其累：社交距离的消弭和对自我的评价是不可避免的。

在传统的课堂教学中，富有激情的老师往往手舞足蹈，甚至走下讲台来与学习者互动，网课形式则不允许此种非语言行为的发挥，老师即便想要讲个笑话调节气氛，也要等待一定的尴尬期才可能接收到弹幕传来的电子笑声。非语言符号的线索缺失和身体的缺席也使得师生的在场感进一步减弱。传统课堂的一整套互动仪式链则难以建立，这也可以被视作技术理性对人的钳制。现代生活中的个体往往需要不断适应变化的生存环境，对自身进行重估和改造，无论是宏观的社会结构和历史背景，还是微观的技术与人际关系，都在时刻重塑人们想象自我与社会的方式。但过多强调技术对人的压抑也会将我们推向技术决定论的怀抱，就如雷蒙德·威廉斯（Raymond Williams）所说，社会意图而非技术本身才会决定科技在社会中的主导使用方式。线上会议应用兴起的时间与疫情恰好重合，也正是在这种社会背景下，传统教育才呼吁新技术介入。人类通过技术手段回应社会问题，而新的社会问题又会反推技术的改造和演进，这一辨证的过程也是人类交往不断前进的过程。

### 三　走向人机传播？

唯有我们将社会中的他者视为身体层面上的"真实"人时，我们才能谈论社会存在。只有这样，我们才能摆脱围绕社会存在这一话题的理论混乱局面，建立一条连贯和累积的研究路线。[①]

在 2013 年的好莱坞影片 Her 中，刚经历婚姻破裂的男主人公西奥多·通布利（Theodore Twombly）经朋友推荐投向人工智能系统 OS1，其化身萨曼莎（Samantha）没有身体而只有性感的声线，温柔体贴又幽默风趣，一人一机形成了奇妙的亲密关系。然而，某次西奥多没有得到即时反馈。在他发现萨曼莎正与上千人同时交往后，这段感情走到了尽头——这并非庸常的出轨剧情，而是我们身处的技术背景所具有的特性。由于现实的中介化（或是身体的不在场）已经成为人际交往的主要形式，作为"房间里的大象"的媒介，越发成为社会中前提式的构成性要素。疫情恰恰给予了我们一个重新爬梳技术演进脉络的契机。十余年后的今天，ChatGPT 的降临已经使得许多科幻电影中的场景触手可及。有的人认为，ChatGPT 极有可能改写人们对交往的认知和期待。但是，ChatGPT 缺乏他者性的回答，多数时候只能让我们得到一个原问题的回响，在已有的知识维度中获得较为全面的回答，而无法真正获得创造性的、颠覆性的知识[②]。

---

[①] Karel Kreijns, Kate M. Xu and Joshua Weidlich, "Social Presence: Conceptualization and Measurement", *Educational Psychology Review*, Vol.34, No.1 (2022): 139–170.

[②] 刘海龙、连晓东:《新常人统治的来临：ChatGPT 与传播研究》,《新闻记者》2023 年第 6 期。

## 第二节　数字时代的社会化

### 一　媒介化的社会化

"淡泊宁静":"儿子，你怎么了?"

"暴龙战士":"爸，等你到我这个年纪，就明白了。"

这是一张来自微信朋友圈的截图，描绘了一段父子的线上对话。外貌上明显尚未进入青春期的儿子正在"网抑云"[①]，为喜欢的人不回消息而感慨，在爸爸表示关怀后，儿子反倒认为爸爸并未经历过自己的境况，无法明白自己的愁绪。这张截图风靡在各个社交媒体平台。且不论其真实性几何，这则对话的确引起了现代人相当程度的共鸣（即便是以戏谑或嘲讽的态度）。事实上，我们童年时期的经验已经不再局限于父母的教导，以手机和平板电脑为代表的智能终端已经深深嵌入了儿童"长大成人"的过程。因为父母不再是唯一权威的道德样本和经验来源，所以"暴龙战士"才会有此怅然之感。而人类对亲密关系的想象与模仿，也是数字时代媒介介入社会化进程的结果。尼尔·波茨曼（Neil Postman）将其称为童年的消逝，而今天的情境更近于"现实的消逝"，我们在社会化进程中打转，期望与社会同频，却在无休止的媒介化规范中自我规训，被迫与不符合自己身份的实践相伴。媒介环境连同以计算机为基础的信息基础设施，如今已经成为孩子随着年龄增长开始思虑的互动世界的一部分。唯有经由媒介，社会化才能顺畅地进行。换言之，媒介化已成为社会化的背景之一，也在相当程度上影响，乃至塑造了今天的人际关系。

---

① "网抑云"，网络语言，是"网易云"音乐的谐音，指的是网易云音乐 App 评论区中存在着过多的抑郁性发言，使看到评论的人深有同感而与其一起陷入抑郁。

## 二 何谓社会化?

所谓社会化,是指社会新成员认识和学习社会规范、社会价值的过程。在这个过程中,新成员逐渐形成一种独特的自我认知。社会化过程会持续一个社会成员一生。换言之,社会化也即生物人变为社会人的过程。[1] 从社会与人的关系来看,社会化就是个体吸收社会经验,由二者的分立走向二者的融合,在此过程中个体学习各种具体的社会知识、规范、价值观念和生活技能,由此将自身整合或融入群体中。传统的社会化进程分为两个阶段:初级社会化和次级社会化。这二者的区分往往以青春期为界,前者发生在青春期之前而后者会贯穿个体的整个生命历程。美国社会学家帕森斯认为,社会化是解决社会秩序难题的良方,然而其功能主义的解释一定程度上忽视了人的能动性,仅仅将社会化进程视为社会再生产结构的一部分[2]。符号互动论学者,如乔治·米德(George Mead)和查尔斯·库利(Charles Cooley),也用社会化概念分析社会成员在童年阶段社会自我的形成过程。实际上,社会化或可视作"镜中我"的延续。

通常,初级社会化的实施机构是家庭。吃饭、穿衣、走路之类个人的基本生存技能,基本的道德、价值共识等社会规范,都是在家庭中习得的。行为规范多是在长期的生活实践中,通过世代积累和选择而形成的。在雷蒙德·威廉斯(Raymond Williams)"文化是整个生活方式"的视域下,这些有形无形的规范是文化的重要组成部分。然而,技术的演进在相当程度上改变了我们当下生活的世界,也为文化的迅速迭代提供了可能,甚至形成了反向社会化。这不单是基于数字

---

[1] 王思斌:《社会学教程》,北京大学出版社,2021,第76页。

[2] [英]吉登斯:《社会学基本概念》,王修晓译,北京大学出版社,2019,第185~189页。

使用经验的年龄代际反哺（数字反哺），也包含了同龄人间基于文化差异形成的"文化反授"。在这一反向社会化的过程中，传授者和学习者的身份不断流动，较之传统交往中固定的传受身份更具灵活性[①]，这一数字社会结构的能动性为人际交往提供了新的可能。

随着手机、平板电脑等智能终端的普及和抖音、快手等短视频平台的兴起，我们再也无法忽视这些媒介环境对我们认识世界的方式的强大塑造力量。这绝非危言耸听：在社交媒体小红书（其用户主体为新兴都市中产阶级和高校学生）上，"电子托管"指的是，在外工作的父母将孩子"托管"给电子设备，希望以其丰富的内容与感官刺激，"管"住孩子，让他们别乱跑。这一相当有症候性的实践至少让我们能够进行如下推论：父母不在家时，电子设备对孩子而言，起到了父母本应起到的作用。在儿童与手机的互动过程中，手机、平板等电子设备对孩子进行陪伴、吸引他们注意力并提供他们所需要的内容；父母在家时，电子设备起到传统"玩具"的作用，满足孩子的娱乐需求。我们由此可以认为，当下由数字技术构成的媒介环境，在初级社会化的阶段中几乎能与父母扮演的角色分庭抗礼；而向来由大众媒介主导的次级社会化阶段中，数字媒介正在发挥越来越大的影响力。

## 三 社会化之后是什么？

既然数字时代的社会化已经深深嵌入媒介化的背景中，那么这一背景对孩子的社会化以及他们的人际关系有何影响呢？乐观地说，一个人发生社会化直至符合社会规范的进程大大缩短了。媒介基础设施和数字技术对千禧一代以来的孩子来说是先在的，他们不必将书写信件的习惯加以改造再移植到微信交流中，只需要学会触屏打字并模

---

[①] 陈云松、朱灿然、张亮亮：《代内"文化反授"：概念、理论和大数据实证》，《社会学研究》2017年第1期。

仿他人在中介化连接中的语言习惯，便能够完成数字时代最基本的社会化——这一过程往往比老年人的"再社会化"快得多。自塔尔科特·帕森斯（Talcott Parsons）以来，美国社会学功能主义传统将社会化视作社会再生产的形式，而数字技术的开放性质赋予了个体在社会化进程中更多的能动性：他们可以自行检索需要的信息，也能够在各个开源网站中浏览丰富多样的内容，并打破地理空间限制，找到同好。

倘若我们仅仅将媒介视作一种孤立的变量，那么无疑会滑入技术决定论的窠臼。在人的社会化过程中，更重要的是通过媒介来完成人际沟通。对于青少年而言，互联网的魅力很大程度上在于他们有了参加公共生活、介入公共讨论的机会，而不必对父母言听计从。平台本身所包含的技术、商业、文化等逻辑对青少年而言，是天然先在的"社会规范"。对此，青少年往往无从察觉。而通过互联网形塑的社会化空间和场景，传统的社会规范呈现新貌，例如，"不要和陌生人说话"在网络空间上演变为提醒大众谨防电信诈骗的"八个凡是"。在身体不在场的人际交往中，被欺骗的恐惧盖过接触的渴望，因而"赛博礼仪"成为互联网社会的潜规则之一。互联网并非家长所忧心的洪水猛兽，它并不会损害既有的公共价值，而是通过媒介化的方式促成个体的社会化，只是在运作方式上和传统媒介有所不同。

而在本节开始的事例中，我们会发现传统的家庭关系也发生了改变。一方面，子代开始反哺亲代，基于代际/知识差异的传授关系开始反向流动。另一方面，随着亲代逐步掌握数字媒介，基于数字媒介而产生的冲突也变得多了起来，而子代也有着相应的对策——子代使用目的性剧本表演、分组可见等策略，回避与父母在数字空间中发生的代际冲突。亲代则通过向子代学习新兴的技术和生活方式而增进亲密性[①]，技术作为发生学动力推进了这一新家庭关系的形成。

---

① 朱丽丽、李灵琳:《基于能动性的数字亲密关系:社交网络空间的亲子互动》,《中国地质大学学报》2017 年第 5 期。

　　然而，我们同样应该将当代政治实践中的性别、阶级与种族[①]问题纳入考量，显然，即时的通信和搜索引擎并非全然理想的乌托邦，数字技术消除时间、弥合空间的能力也使得青年人不得不保持"在场"，并对自己的媒介交流保持警惕，而这一习惯往往会造成代际冲突。中年人为保证沟通效率，在无法进行面对面交流时会首选打电话，而青年人则极力避免电话沟通，甚至将未事先沟通的打电话视为冒犯行为，因为"实时反馈的交流令人不快"。在数字原住民的世界里，交往的基础设施便是中介化平台。尽管人际交往沟通是一种即时反馈要求较高的信息交流方式，而在数字语境中，打电话这种直接的人际传播方式则被认为是对私人领域的侵犯。来自工作或家庭的、象征成年权威的监管压力，干预了他们的日常生活。中介化连接在此模糊或打破了初级社会化与次级社会化的界限，已经成为青年人想象世界的一种运作条件，或是其世界观中的基础设施。

　　在中国，关于青少年染上网瘾后顶撞家长、逃课辍学的报道已经屡见不鲜，网络被描绘成了万恶之源的形象，然而这些报道对青少年心智与行为改变的机制却少有描述，这与当下媒介化的社会不无关系。如前文中的"暴龙战士"，在微信朋友圈发布自身关于爱情的想象，随后拒绝了来自父亲的关怀，转而诉诸自己在"冲浪"实践中得到的"知识"。网络的可接近性（accessible）使成年人极力回避的话题无处遁形，强大的搜索引擎能够提取互联网上的蛛丝马迹，这不但使诸如暴力、性爱等刺激内容唾手可得，也让青少年对这些内容的浏览和评论留下了清晰的痕迹，而他们未来生活或工作中的伙伴则能够轻易追溯到这些失当的行为。作为某种语境坍塌后的证据——未成年人要为其未来提前背负债款，他们必须为自己的所有言行负责，在万物皆可

---

[①]　Farzana T. Saleem and Christy M. Byrd, "Unpacking School Ethnic-Racial Socialization: A New Conceptual Model", *Journal of Social Issues*, Vol.77, No.4 (2021): 1106-1125.

追溯的社会中，再也没有所谓"童言无忌"的宽容。[①] 他们越发生活在一个无边界又不确定的网络空间中，此间的一言一行都需要谨慎对待。哪怕是一个没有精确来源的聊天记录，仅仅凭借某一张对话截图就能够使人身败名裂。我们或许正一步步走回韦伯的铁笼。

## 第三节 同辈沟通：社会学习理论

"老师您好，关于通知我有一些问题想问您。"学生小丹收到这样一条好友申请，她既尴尬又好奇：为何有人会将她认作老师？询问后她方才得知导致乌龙的原因竟是她的微信头像——一张园林照片。在大家眼中，这种风格的头像多是一些年长的人使用的。而且小丹未修改群备注，这才造成了误解。后来小丹点进群成员列表，逐个对应着群头像和群备注，她发现学生的微信头像多是卡通动漫、二次元形象、俊男美女、萌宠家禽，而家长们的头像确实多为山海花草或者孩子的照片。为了融入大家，小丹随即修改了自己的微信头像。在翻看大家的名片信息时，小丹还发现，大家填写的地址多是冰岛、安道尔、土耳其等国家，而且出奇的一致，只有为数不多的人按真实情况填写定位。这又是为何？小丹担心自己会显得格格不入，便犹豫着是否也要修改自己的定位。可以说，小丹的经历是同辈交流中的一个缩影，许多人在线上交流时，会不自觉地观察和模仿，不断更新自己在线上交流中的细节，包括头像、定位、个性签名、背景图片、表情包等，以便更好地融入集体。

对于同辈在微信交流中头像、表情包和字符的使用，许多学者从不同视角展开了分析，比如从自我呈现的角度分析微信头像，从符号建构和亚文化的角度分析表情包，从补偿性媒介的视角分析字符表情等。这些研究或从微观的角度分析个体的心理动机，或从宏观的角度

---

① ［英］尼克·库尔德利、［德］安德烈亚斯·赫普：《现实的中介化建构》，刘泱育译，复旦大学出版社，2023，第176~181页。

分析文化的建构，但鲜有研究详细地从社会学习理论的视角去分析同辈线上交流中惯习的形成。那什么是社会学习理论呢？研究者应当如何运用社会学习理论进行分析？

## 一　社会学习理论：关于人的行为习得

社会学习理论起源于行为主义心理学，行为主义心理学家认为意识是一种不能采用客观方法来研究和证实的活动，他们主张应该研究可以被观察和直接测量的行为，旨在预测和控制行为。但早期行为主义心理学家坚持机械主义的传统和环境决定论的观点，完全否定了人的主观能动性。这一观点实际上把人看作一架刺激—反应机器，当机器中放入一个刺激物，就会自动生出反应物。人的心理受到自身生理因素和社会因素的影响，只一味强调外界刺激对人类行为的影响，就对理解人类心理的复杂性和多样性造成了困难。

心理学家阿尔伯特·班杜拉（Albert Bandura）也正是看到了行为主义的局限性，于是吸收了认知心理学视角，注重对感知、思维、记忆和语言等内部认知过程的研究，同时借鉴了人本主义心理学的积极性方面，提出了"社会学习理论"。他认为学习者的所处环境、认知能力和学习行为三者之间相互影响，对学习者社会行为的形成和学习结果产生了影响，这就是三元交互决定论。他将社会学习分为直接学习和观察学习两种形式。直接学习是个体对刺激做出反应并受到强化而完成的学习过程。这种学习模式是刺激—反应—强化，离开学习者对刺激的反应及其所受到的强化，学习就不能产生；观察学习是指个体通过观察榜样在处理刺激时的反应及其受到的强化而完成学习的过程。[①] 如果人们只通

---

① Albert Bandura, R. H. Walters, *Social Learning Theories*. (Prentice Hall: Englewood Cliffs, 1977).

过第一种方式进行学习，那是十分缓慢且费力的。后者假定人类学习行为可以不用通过一个艰难试错的过程，通过观察榜样进行学习能够掌握大量复杂的行为模式。实际上，人类的大部分行为是通过观察学习而获得的。

班杜拉后来进一步关注到人的认知结构，在观察学习理论中加入了心理过程的分析，即学习者通过观察，获得了示范活动的符号表象。这些表象以形象的或语义的形式被编码，储存于记忆中。在一定条件下，这些记忆就可作为未来活动的指导。这一学习过程具体分为：注意过程、保持过程、生成过程、动机过程。[①]

随着社会学习的概念被应用于诸多领域的分析，一些学者开始进一步廓清社会学习的定义。一部分学者将社会学习置于社会系统中，强调其对个人发展的重要性。如雷·艾森（Ray Ison）和德雷南·沃特森（Drenran Watson）提出社会学习是一种社会变化的过程，人们相互学习从而有利于社会生态系统的发展。[②]克劳迪亚·宝尔-沃斯特（Claudia Pahl-Wostl 称社会学习为"可持续学习"，这种学习过程的功能具体包括"发展新的特质，还有机构和个人的能力，使其在社会和生态方面更具活力实现可持续发展的共同目标"。[③]还有一部分学者则是强调不论是否通过媒介，社会学习一定是发生于人际交往之中的。如马克·S.里德（Mark S. Reed）强调社会学习发生于社会网络参与者之间的社会互动过程，可以是如对话这样的直接互动，或者通过其他媒体进行的间接互动。他特别指出，大众媒体发起的运动即使

---

① ［美］阿尔伯特·班杜拉:《思想和行动的社会基础:社会认知论》，林颖等译，华东师范大学出版社，2001。

② Ray Ison and, Drennan Waston, "Illuminating the Possibilities for Social Learning in the Management of Scotland's Water", *Ecology & Society*, Vol.12, No.1 (2007).

③ Claudia Pahl-Wostl, Erik Mostert, and David Tàbara, "The Growing Importance of Social Learning in Water Resources Management and Sustainability Science", *Ecology & Society*, Vol.13, No.1 (2008).

改变了社会对一个问题的理解，也不能被视为社会学习，除非信息通过社交网络在人际传播。[①]

## 二 作为教育研究资源的社会学习理论

学者们对社会学习理论的研究主要包括两个方面：理论研究和应用探讨。理论研究主要集中探讨交互决定论、观察学习理论、替代强化与自我强化、自我效能与集体效能等一系列重要概念。如高建江将研究重心放在"自我效能"上，探讨了"自我效能"的发展历史及现状[②]。1999 年，学者戴尔·申克（Dale Schunk）将社会学习理论应用到学习情境之中。[③] 应用探讨主要集中在儿童与青少年品德的培养、榜样教育、亲社会行为学习等方面。例如周遂和吴卓然运用社会学习理论，探讨育儿观察类真人秀节目如何通过男性参与育儿的家庭分工模式实践，为多孩家庭提供示范。[④]

虽然班杜拉和后来的学者对社会学习理论中的许多元素进行了详细的研究与解释，但是随着互联网成为人们交往的重要中介，人际交往方式发生了变化，社会学习过程也随之产生差异，因此有必要对社会学习中的环境、心理和行为等要素进行新的阐释。如布鲁克·米勒（Brooke Miller）和罗伯特·莫里斯（Robert Morris）基于社会学习理论的视角，探讨了线下和线上的同龄人交流在影响大学生数字犯罪和传统犯罪方面的差异。他们的研究表明，虚拟世界中同辈交流对同龄人的影响与真实世界中面对面的同辈交流的影响相似，但两者对数字

---

① Mark S. Reed, et al., "What Is Social Learning?", *Ecology & Society*, Vol.15, No.4 (2010).

② 高建江：《班杜拉论自我效能的形成与发展》，《心理科学》1992 年第 6 期。

③ Schunk Dale, "Social-Self Interaction and Achievement Behavior", *Educational Psychologist*, Vol. 34, No.4 (1999): 219—227.

④ 周遂、吴卓然：《育儿观察类真人秀的题材拓展和叙事创新——基于社会学习理论的家庭性别角色再塑造》，《中国电视》2022 年第 11 期。

犯罪和传统犯罪的影响差异仍待进一步检验[1]。许云红等人则是关注到在线课程快速发展的背景下，同伴评估在促进社会学习方面发挥了重要作用。根据社会学习理论，在线课程中，大家通过作业互评相互学习，这激励了学生们参与在线社会学习。由此，文章提出了一种审稿人推荐系统，旨在提高学习者的满意度和学习成绩。[2]

## 三　线上同辈交往中的社会学习

总之，社会学习理论是阐明人怎样在社会环境中学习，从而形成和发展个性的理论。社会学习是个体为满足社会需要而掌握社会知识、经验和行为规范以及技能的过程。在小丹的经历中，她以微信群中的同辈为观察对象，观察他们如何在线上建构自我的身份、如何交流，从而对比自我与他人的差异，将提取到的细节进行总结归纳，而后运用到自己的线上交往实践中，以期更好地融入同辈交流的语境。

社会学习理论重视人的主体作用，认为在缺少直接的外部奖励或惩罚的情况下，人可以通过自我定向，为自己设置某些行为标准，并通过自我评价对自身行为做出反应。而不论是"梗"、表情包还是某一爆火的现象，其中都包含着个体观察、评估、调整这样一个过程。从社会学习理论视角入手，以人际交往关系为复调，我们对数字化同辈互动的理解得以丰富。但需注意的是，社会学习理论已经被用于分析许多线下的实践，若用其来分析线上同辈的交往，研究需要回答的问题是：在同一分析框架下，二者有何不同？或者，基于线上交流的一些特点，是否能对原有的社会学习理论进行补充拓展？

---

[1]　Miller Brooke and Morris Robert, "Virtual Peer Effects in Social Learning Theory", *Crime & Delinquency*, Vol. 62, No.12 (2016): 1543-1569.

[2]　Yunhong Xu and Ru Wang, Peer Reviewer Recommendation in Online Social Learning Context: Integrating Information of Learners and Submissions, paper presented at Pacific Asia Conference on Information Systems, Chengdu, China, June 2014.

# 第四节　从"追"星到"造"星：准社会关系的
## 建构与变迁

2023 年 8 月，人气组合 TFBOYS 在西安举办十周年演唱会，一票难求。有消息称，第一排的票被炒到 200 万元人民币一张，这不免让人有种追星追到倾家荡产的感觉。如果说，20 世纪 40 年代的电视让追星成为潮流，那么当下以微博为代表的社交媒体，则进一步推动了造星的进程。可见，新媒介技术在塑造偶像与粉丝的关系上总是扮演着重要角色。

## 一　情景引入：从"追"星到"造"星

在尚无互联网的电视时代，"粉丝"与"偶像"的关系更像是前者对后者的欣赏与崇拜，"追星"成为日臻平常的青年亚文化实践。彼时，你会如何表达自己对某电视剧中明星的喜爱？也许和朋友分享令你着迷的片段；也许购买海报或 DVD；也许斥巨资参与粉丝见面会。即便如此，你仍能感到你在"追"他们，如众星捧月。你清楚地知道你们生活之间没有实际联系，此生似乎只能保持这种若即若离的关系，他们永远也不会给予你任何私人反馈。

现在，偶像与粉丝的关系发生了一些变化。粉丝们不仅在"追"偶像，也在"造"偶像。2018 年的综艺《创造 101》似乎开拓了一种新的粉丝—偶像关系。在此，粉丝不仅仅是在偶像身后"追"星，更是和平台、经纪公司携手一起"造星"。为了成团出道，选秀的女生各显其能来拉票，最终得票数最高的 11 位成员正式出道。这种陪伴式出道，与之前电视剧追星迥乎不同。而"准社会关系"概念为我们理解数字时代的粉丝—偶像关系提供了有力的工具。

## 二 理论引介：从"准社会关系"谈起

1956 年，唐纳德·霍顿（Donald Horton）和理查德·沃尔（Richard Wohl）提出了"准社会关系"（para-social relationship）的概念①。他们认为，诸如广播、电视和电影等新兴大众媒介最显著的特征之一，便是为观众提供了他们/她们与表演者之间的关系幻想。这种观众与表演者之间类似于面对面的关系被称为"准社会关系"。

准社会关系之"准"（para），主要凸显其与现实社会关系的相似性。一方面，这种观众—演员关系与日常生活中人们与初级群体（primary group）的关系存在关联，人们主要依据看和听来处理和理解互动；但另一方面，准社会关系又缺乏"互惠性"，往往表现为观众对演员的单方面熟悉或依恋。简言之，在互动处理方式上，准社会关系与面对面关系存在共性；但在关系的方向上，准社会关系并不具备面对面关系的双向性。

值得注意的是，霍顿和沃尔在这篇文章中还提及"准社会互动"（para-social interaction）的概念。虽然学界经常混用二者，但其实它们的外延略有差别②。按照晏青等人的说法，目前学界对准社会互动的三个阶段已有广泛共识："从与媒体接触期间仅发生的短期'拟社会互动'③，到在媒体接触内部和外部存在的长期'拟社会关系'，最终发展

---

① Donald Horton and Richard Wohl, "Mass Communication and Para-Social Interaction: Observations on Intimacy at a Distance", *Psychiatry-Interpersonal and Biological Processe*s, Vol. 19, No. 3 (1956): 215-229.

② Jayson L. Dibble, Tilo Hartmann and Sarah F. Rosaen, "Parasocial Interaction and Parasocial Relationship: Conceptual Clarification and a Critical Assessment of Measures", *Human Communication Research*, Vol. 42, No. 1 (2016): 21-44.

③ 此处的"拟社会互动"及"拟社会关系"与前述"准社会互动"及"准社会关系"为 para-social interaction/relationship 的不同译法。

为程度更深的'拟社会依恋'。"[①] 准社会依恋（para-social attachments）类似于婴儿看护者的依恋和成年人的浪漫依恋[②]。可以说，观众与演员经由媒体内容产生了短暂的准社会互动，而互动不断累积使得二者之间建立了准社会关系。而关系加深的过程，也是准社会依恋生成的过程。

这种观众与演员间的准社会关系随后也被用来描述粉丝与偶像之间的关系。不过，在社交媒体时代，这种关系建构的基础已经不再局限于媒体内容，而是拓展到了"制造偶像"的方方面面。电视时代的"明星"更多是制片人、导演及媒体合力建构的"产品"，观众并不参与其中。但在数字时代，粉丝甚至成为与前述各方力量平起平坐的重要主体，他们/她们决定着谁能否出道，甚至也决定着偶像应当/不应当接什么剧、偶像如何在公共场所表现等。粉丝们热切而亲密地称自己是偶像的哥哥、姐姐，甚至是妈妈，这使得准社会关系转向为准亲属关系。

准亲属关系（parakin relationship）的形成是指粉丝不仅觉得自己"认识"偶像，而且还把偶像当作自己的亲属，他们/她们希冀"参与"偶像的各种事务，"粉丝已经从单纯的崇拜偶像上升到能够共同培养偶像，包括他们的公众形象、工作范围，甚至是他们的个人生活"[③]。这一点，从当下偶像粉丝后援会的组织架构与日常实践便可窥见一斑。这种自发性的社群往往存在清晰的层级与分工，其目标往往是维护"爱豆"（即偶像英文 idol 的中文谐音）的社会形象。

在介绍完准社会关系的概念及新近发展后，我们重看前述情景引

---

① 晏青、付森会:《粉丝—明星关系感知的影响因素与作用机理：基于混合方法的研究》,《国际新闻界》2021 年第 10 期。

② Gayle S. Stever, "Evolutionary Theory and Reactions to Mass Media: Understanding Parasocial Attachment", *Psychology of Popular Media Culture*, Vol. 6, No. 2 (2017): 95.

③ Qing Yan and Fan Yang, "From Parasocial to Parakin: Co-Creating Idols on Social Media", *New Media & Society*, Vol. 23, No. 9 (2021): 2593–2615.

入部分的故事，便可获得全新启发。在互联网尚不发达之时，观众与表演者之间的距离是相对较远的，二者之间的关系更多停留在单向的"认识"层面。而社交媒体的出现拓展了准社会关系，并将其推向了"准亲属"这一更亲密的形态。在此，粉丝与偶像之间似乎缔结了某种"一荣俱荣"的契约，二者的关系也由此被拉近，但也可能发生"成也萧何，败也萧何"的情况。

### 三 思维拓展：媒介化亲密及其探讨

新近有关准社会关系的讨论，已经从偶像—粉丝的关系研究拓展到了更广泛的"媒介化亲密"（mediated intimacy）上。比如，有研究者考察当下主播与粉丝的互动后发现，在平台的中介作用下，二者形成了高度商品化和性别化的亲密关系[①]。又如，有研究者讨论"虚拟恋人"及其消费者在付费陪伴中涉及的情感流动与边界管理[②]。这促使我们进一步思考：经由媒介技术中介的人际关系究竟与面对面的人际关系有何差别？以社交媒体为代表的新技术实现了"双向互动"，准社会关系增加了亲属的特质。那么，在准亲属关系之后呢？这一理论脉络如何进一步拓展和更新？

## 第五节 脚本理论：新规范、新常规，还是新规训？

最近在学"网上冲浪"的奶奶闹了个大乌龙。奶奶在购物平台和客服交流时，客服给她发了一个玫瑰表情包，她回复客服："不好意

---

① 董晨宇、丁依然、叶蓁：《制造亲密：中国网络秀场直播中的商品化关系及其不稳定性》，《福建师范大学学报（哲学社会科学版）》2021年第3期。

② Li Weijun, Shi Chen, Lingyun Sun, and Changyuan Yang, "What Makes Virtual Intimacy...Intimate? Understanding the Phenomenon and Practice of Computer-Mediated Paid Companionship", *ACM CSCW Journal*, Vol. 7, No. CSCW1 (2023): 331-332.

思，我连孙子都有了，请你去追求别人吧！"当孙子小明看到这个聊天记录时，忍俊不禁，并为奶奶解释道："玫瑰表情只是表示对您的尊敬而已。"奶奶很不解："在我们那个年代，玫瑰就是象征着爱情和浪漫呀，真搞不懂现在小年轻在想什么。"此外，奶奶在学着用外卖软件点餐时，同样感到不习惯。小明告诉她，点好餐，付完款就能等外卖员送餐上门了。奶奶反而觉得应该吃完再付钱，毕竟以前下馆子都是吃完饭再付钱，毕竟万一菜做得不好吃，自己还付了钱，那岂不是吃了哑巴亏。

究竟是什么原因导致了这种不同代际间在理解上的差异呢？许多心理学家和人类行为学家会倾向于采用脚本理论来解释这一现象。问题在于，什么是脚本呢？

## 一 基模理论：脚本的前身

说到脚本，我们就不得不提到它的理论源流，基模理论。德国哲学家伊曼纽尔·康德（Immanuel Kant）最早提出了"基模"（schema）这一词。他认为，基模就其本身而言，是想象力的产物，或者说是"学习者以往习得的知识（即背景知识）的结构。"[①] 在这里，基模（另有译为"图式"）是人的认知行为的基本模式，也被称为心智结构、认知结构或认知引导结构。

心理学家也十分重视基模这一概念，并根据各项实证证据发展了基模理论。早在 20 世纪二三十年代，英国心理学家弗雷德里克·查尔斯·巴特利特（Frederic Charles Bartlett）便在实验的基础上提出，人的记忆能够把各种信息和经验组织成认知结构，形成常规的基模，储存在记忆之中，新的经验可以通过与旧有的记忆对比而被

---

① 雷晓东：《概念流利与图式理论》，《山西师大学报（社会科学版）》2010 年第 37 卷。

理解。①

简言之，旧的记忆在我们的大脑中构成了一个判定系统。类似于计算机程序中的"if...then...else"逻辑，如果面临新的事物，我们会首先判断这一新事物是否与我们记忆中的事物及其意义相吻合，随后做出相应的行为以应对，如果不吻合，我们则修正之前的经验，形成新的基模。回到开头的案例，在20世纪70年代初到80年代中期，电视剧中赠予爱人玫瑰的浪漫桥段，或是现实生活中的赠花的浪漫行为，镌刻进了奶奶的记忆中，由此导致奶奶一见到软件中的玫瑰表情包，就下意识地想到"求爱""浪漫关系"等关联概念，从而引发她的特定的接受或拒绝行为，闹出了乌龙。

为了进一步研究与场景、程序相关的记忆和认知，许多学者在基模理论的基础上，进一步发展出了脚本理论。

## 二 脚本理论：场景、情节和行动

实际上，脚本理论是对基模理论的进一步完善和发展。通过上述介绍我们会发现，早期的基模理论似乎仅仅介绍了人们是如何对概念以及概念的属性进行记忆和关联，却鲜少探究人们在一个要素更为复杂的场景中，是如何综合处理信息的。基于此，许多心理学家展开了关于人们如何记忆场景以及场景中的程序、事件，如何形成对于场景的预期的研究。

罗杰·斯汉克（Roger Schank）和阿贝尔森·罗伯特（Abelson Robert）于1977年提出了"脚本"（又译为"剧本"）这一概念。他们认为，脚本包含了一整套人们对某个特定事件后面跟着另一个特定事件的可能性的预期。这一预期也被他们描述为一种"过程性的知识"

---

① Frederic C. Bartlett, *Remembering: A Study in Experimental and Social Psychology(2nd ed.)* (Cambridge: Cambridge University Press, 1995), p.179.

（procedural knowledge）。[1]换句话来说，脚本其实是一种人们对于事件顺序的想象。西尔万·汤姆金斯（Silvan Tomkins）补充认为，作为一种能够被感知到开始和结束的事件，场景（scene）是脚本分析的基本单元。一连串场景按顺序连接在一起便构成了所谓的情节（plot）。[2]打个比方，当我们在操场升国旗时，听到司仪说"升国旗"三个字之后，我们脑海中就会浮现"奏唱国歌"和"肃立"的场景。这种紧密相连的事件顺序被我们当成脚本记忆在大脑中，每当碰见某个脚本的前半部分，我们就会自然产生对该脚本的下半部分的期待。最后，我们会根据自身的期待，生成特定的行动。

随着新媒体的出现，数不胜数的、在日常生活中司空见惯的脚本都发生了变形，进而被改写乃至重置。就开头介绍的故事而言，在没有外卖软件之前，奶奶脑海中关于就餐的脚本，本就是进入餐厅，服务员给出菜单，点菜，享用完餐品后支付餐费。而在外卖软件出现后，我们对于点餐时的脚本的预期也随之改变，往往是支付餐费后，等待送餐上门，还衍生出了给外卖员打赏、给商家和外卖员写评价等此前其他从未有过的新情节。

## 三 功能之辩：脚本对我们而言意味着什么

有一个绕不开的问题是，脚本对我们而言，究竟意味着什么？

大多数人可能会想到，脚本能够节约我们的认知资源，帮助我们在新的场景中，联系既有的知识，快速消除不确定性，以及更好地处

---

[1] Roger C. Schank and Ableson P. Robert, *Scripts, Plans, Goals and Understanding: An Inquiry into Human Knowledge Structures* (Oxford, UK: Lawrence Erlbaum, 1977), p.3.

[2] Silvan S. Tomkins, "Script Theory: Differential Magnification of Affects." in Crockett Lisa (ed.), *Nebraska Symposium on Motivation* (Nebraska: University of Nebraska Press, 1978) pp.201-236.

理一些不熟悉的事件或任务。譬如，在婚礼现场，当我们看到新娘对新郎郑重地说："我愿意！"时，我们既有的脚本会告诉我们，作为观众，我们应该欢呼和鼓掌了——新郎新娘在互相承诺后紧紧相拥，而后满座宾客为其喝彩，这是多么"经典"的一个剧本。如果没有相应的脚本记忆和储备，我们在看到此情此景时，或许仍然不清楚应该去作何回应。

脚本在我们的日常生活中发挥着重要的功能，其背后潜藏着规范性作用。如果我们把脚本从微观的个体语境挪置到宏观的文化语境中，便能够发现文化脚本在更高维度上施加着结构性的力量。生活脚本（life scripts）是由整个文化所共享的一种有关人生事件的时间节点、顺序的理想化期待。[①] 例如，在中国语境中有这么一句老话："男大当婚，女大当嫁。"这句话反映了我们文化中对婚嫁时间节点的期待，即希望青年男女能够"按时"婚配。对于老年人，我们同样有着生活脚本的期待，希望他们"安享晚年""含饴弄孙"，即停止正式工作，要么享受儿孙侍奉，要么回归家庭拉扯孙子孙女。

文化性的脚本不仅规范了社会对于各年龄段的人群的期望，还能塑造人们对性别身份的预期。就性别而言，传统的、主导的性别脚本往往遵循着"男强女弱"的逻辑。譬如，试想一幅画面，一对情侣就餐完毕，谁会去买单呢？相当一部分人或许会预设男生会去买单，因为男性普遍占据着优势地位，因此需要照顾"弱势"的女性。这一带有父权制色彩的脚本预设也在一定程度上阻碍了性别平等的实现。有趣的是，科蒙内洛·法兰赛斯卡（Communello Francesca）等研究者发现，在约会软件的交往中，传统的性别脚本发生频率会

---

① Steve M. J. Janssen, Uemiya Ai and Naka Makiko, "Age and Gender Effects in the Cultural Life Script of Japanese Adults", *Journal of Cognitive Psychology*, Vol. 26, No. 3 (2014): 307-321.

降低。①

据此，我们似乎可以得出对于脚本的初步印象：这是一种复杂的、顺序性的认知结构，既包括人们对事件、场景的预期，又涵括人们对人生大事、性别身份等方面的预期。一方面，它为我们的生活减轻了许多负担，让我们知道不同社会情境中的不同规范与相应的应对策略；另一方面，它又一直在无形之中发挥着规范性的作用，甚至会产生规训性的压力迫使我们就范。在新媒体的语境下，许多传统的脚本均被改写。那么，我们是否能够期待新媒体可以改变一些不那么先进的脚本（比如重男轻女、嫌贫爱富等）？新媒体又能在多大程度上改变那些可称为"社会痼疾"的脚本呢？

## 第六节　串聊（crosstalk）：手机的社交融入与多重关系协商

随着手机、智能手环等移动通信设备的广泛应用，个体在面对面沟通中时常会被线上信息所干扰。例如，骤然响起的语音电话会打断个体正在进行的面对面互动。这一变化为面对面互动带来挑战。

小丽正在与相亲对象小李接触，他们在线上聊得很投机，不久便相约线下，一同郊游。小丽本是满怀期待乘兴而来，最后却扫兴而归："他总看手机。无论是在吃饭的时候，还是在等车的时候，抑或是游玩的时候，我总是能瞥见他在回复信息。虽然那些时候我们并没有在交谈，但我感觉他与我已经不再同处一个空间了。可能与我相比，他觉得回应手机里的其他人要更重要吧。"后来，这段接触也便不了了之了。

小玲在和朋友的相处中遇到了同样的问题。小玲与高中好友多年

---

① Comunello Francesca, Lorenza Parisi and Francesca Ieracitano, "Negotiating Gender Scripts in Mobile Dating Apps: Between Affordances, Usage Norms and Practices", *Information, Communication & Society*, Vol. 24, No. 3 (2020): 1-17.

未见，某日，二人终于相约叙旧。但这场交谈却不像她们想象的那般愉悦："我们的谈话总是被手机震动的声音所打断。有时是同事分享工作信息，有时是彼此的朋友在分享见闻。每次手机震动，我们的谈话都不可避免地被中断，这让我们都感到抱歉又无奈。"在短短的一个小时之内手机第三次响起时，她们都意识到手机的存在对她们的交谈造成了很大的困扰，同时她们也发现，其实并没有什么重要的信息需要马上浏览、马上回复。于是，她们约定把手机关掉，试图创造一个没有手机干扰的聊天环境。"我们把手机关机后放到包里，整个下午再也没有打开过。那一个下午我们聊了很多，在交流中我们重新感受到彼此的爱和关心。"

以上案例展示出线上信息的频繁介入对面对面交往造成的干扰。早在21世纪初，基于对新技术的关注，研究者便对手机使用如何影响人们的面对面互动产生了兴趣[①]。麻省理工学院社会学教授雪莉·特克尔（Sherry Turkle）在其著作《群体性孤独》（*Alone Together*）[②]和《重拾交谈》（*Reclaiming Conversation*）[③]中关注到手机使用对面对面交往的负面影响。心理学研究则关注到"低头症"（phubbing）[④]现象，研究发现在社交场合专注于手机而冷落他人的行为将对人际互动的对话

[①] 例如 Joachim R. Höflich, "The Mobile Phone and the Dynamics Between Private and Public Communication: Results of an International Exploratory Study", in Peter Glotz, Stefan Bertschi and Chris Locke, ed., *Thumb Culture: The Meaning of Mobile Phones for Society* (Bielefeld: Transcript Verlag, 2005), pp. 123-135. Joachim R. Höflich and Maren Hartmann, ed., *Mobile Communication in Everyday Life: Ethnographic Views, Observations and Reflections* (Berlin: Frank & Timme, 2006). Mizuko Ed Ito, Daisuke Ed Okabe and Misa Ed Matsuda, ed., *Personal, Portable, Pedestrian: Mobile Phones in Japanese Life* (Cambridge: The MIT Press, 2005). Amparo Lasen, "A Comparative Study of Mobile Phone Use in Public Places in London, Madrid and Paris", *Digital World Research Centre*, Vol. 18, No.9 (2003): 1057-1075.

[②] ［美］雪莉·特克尔:《群体性孤独》，周逵、刘菁荆译，浙江人民出版社，2014。

[③] ［美］雪莉·特克尔:《重拾交谈》，王晋、边若溪、赵岭译，中信出版社，2017。

[④] 低头症（Phubbing）一词由电话（Phone）与冷落（Snubbing）组合而成，在研究中通常指在面对面社交场合中使用手机而冷落他人的行为。

质量、互动亲密感与关系满意度产生负面影响①。心理学研究多使用自我报告或实验的方法对面对面互动中的手机使用行为进行测量，康奈尔大学传播学教授李·汉弗莱斯（Lee Humphreys）则从现实情境出发，通过实地观察与访谈，对现实互动中的手机使用情况特别是公共场合中的二人互动过程进行分析，对此前的研究进行了拓展。

2005 年，汉弗莱斯在《新媒体与社会》杂志上发表文章，探讨公共场所中的手机使用对面对面互动规范的影响，借用串聊（crosstalk）这一概念来描述手机的介入对面对面互动所形成的干扰的过程②。2020 年，汉弗莱斯与其合作者哈齐姆·哈德曼（Hazim Hardeman）在智能手机时代重复了 15 年前的观察访谈，取得了新的研究进展。③

---

① James A. Roberts and Meredith E. David, "My Life Has Become a Major Distraction from My Cell Phone: Partner Phubbing and Relationship Satisfaction Among Romantic Partners", *Computers in Human Behavior*, Vol.54 (2016): 134-141. Varoth Chotpitayasunondh and Karen M. Douglas, "The Effects of 'Phubbing' on Social Interaction", *Journal of Applied Social Psychology*, Vol.48, No.6 (2018): 304-316. Daniel Halpern and James E. Katz, "Texting's Consequences for Romantic Relationships: A Cross-Lagged Analysis Highlights Its Risks", *Computers in Human Behavior*, Vol.71 (2017): 386-394. Andrew K. Przybylski and Netta Weinstein, "Can You Connect with Me Now? How the Presence of Mobile Communication Technology Influences Face-to-Face Conversation Quality", *Journal of Social and Personal Relationships*, Vol.30, No.3, (2013): 237-246. Mariek MP Vanden Abeele, Marjolijn L. Antheunis and Alexander P. Schouten, "The Effect of Mobile Messaging During a Conversation on Impression Formation and Interaction Quality", *Computers in Human Behavior*, Vol.62 (2016): 562-569. Mariek MP Vanden Abeele, et al., "Phubbing Behavior in Conversations and Its Relation to Perceived Conversation Intimacy and Distraction: An Exploratory Observation Study", *Computers in Human Behavior*, Vol.100 (2019): 35-47. Wang Xingchao, et al., "Partner Phubbing and Depression Among Married Chinese Adults: The Roles of Relationship Satisfaction and Relationship Length", *Personality and Individual Differences*, Vol.110 (2017): 12-17.

② Lee Humphreys, "Cellphones in Public: Social Interactions in a Wireless Era", *New Media & Society*, Vol.7, No.6 (2005): 810-833.

③ Lee Humphreys and Hazim Hardeman, "Mobiles in Public: Social Interaction in a Smartphone Era", *Mobile Media & Communication*, Vol.9, No.1 (2020): 103-127.

## 一 干扰：从"手机串聊"到"中介串聊"

汉弗莱斯观察到，在面对面互动中，一人的手机使用将破坏原有的二元互动结构，从而形成包括手机呼叫者在内的新的互动结构。这一过程中，第三人的介入使得原互动参与者落单。在描述手机使用对面对面互动带来的这一新变化时，汉弗莱斯借用了欧文·戈夫曼（Erving Goffman）在面对面互动场景中提出的串聊（crosstalk）概念。戈夫曼将二人互动中其中一人与第三人维持暂时的排他性交谈称为"串聊"[①]。戈夫曼指出，原互动者因第三人的介入而落单，从而陷入社交弱势。为减轻被冷落的焦虑与脆弱感，落单者将开启自我防御机制。例如，落单者可能会通过看报纸、喝咖啡或其他方式显示自己忙碌，以避免被人接近或显得他们在公共场合无事可做[②]。

汉弗莱斯将手机使用代入"第三人"的角色，给出了手机串聊的基础模型。具体而言，手机串聊的产生将经历以下三个阶段：第一阶段，二人在公共场合进行互动；第二阶段，第三人通过手机召唤其中一名互动成员；第三阶段，第三人与互动成员形成互动关系，落单者在社交中处于弱势。这一过程模型形象地展示了手机介入下社交互动的模式。

在 2020 年最新发表的研究中，汉弗莱斯与其合作者哈德曼将手机使用的内涵拓展到多媒体应用层面，不仅包括通话与短信等基础应用，还涵盖了与智能手机相关的各类媒体、应用与平台的使用等。汉弗莱斯将手机串聊的概念拓展为中介串聊（mediated crosstalk），使之更加符合当前手机的使用实践[③]。

① Erving Goffman, *Relations in Public* (New York: Harper & Row, 1971), p.25.

② Lee Humphreys, "Cellphones in Public: Social Interactions in a Wireless Era", *New Media & Society*, Vol.7, No.6 (2005): 810–833.

③ Lee Humphreys and Hazim Hardeman, "Mobiles in Public: Social Interaction in a Smartphone Era", *Mobile Media & Communication*, Vol.9, No.1 (2020): 103–127.

根据汉弗莱斯与哈德曼的论述，中介串聊与手机串聊模型具有相同的基础结构。不同的是，2000 年初，语音通话是最主要的手机串聊行为，而在智能手机随处可见的现在，最突出的串聊行为则是看手机、刷手机和点击手机 ①。例如，社交媒体传递的异步信息就有可能成为面对面互动的干扰源。

值得注意的是，在互动中，手机信息接收者被认为受到面对面现场互动与手机信息互动的双重压力。研究者报告了手机信息接收者协调双重压力有关的措施。例如，在串聊发生前，手机信息接收者依照手机信息的重要程度以及现实互动情境决定是否回应，同时是否回应也有赖于现实互动双方的共识。比如接收到家庭、工作上的重要事宜，或是处在休闲社交场合，回应手机信息被认为更容易接受。在串聊发生时，互动者会注重表示歉意的礼节，同时为暂时的离开提供理由，以减少社交失误并减轻互动者之间的负面影响。除此之外，在串聊发生过程中，互动者也有可能保持与现实互动伙伴或第三人的互动，或者促成互通的三人互动来减轻这一压力。这与接下来将要描述的双线互动（dual front interaction）和集体互动（collective interaction）行为相关。

## 二　调试：平行互动、双线互动以及集体互动

根据串聊基础模型，串聊发生后，因落单者的存在互动呈现不平衡状态。针对这一社交弱势，汉弗莱斯与哈德曼报告了三种应对措施，其对应三种潜在的串聊模式：平行中介串聊（parallel mediated crosstalk）、双线中介串聊（dual front mediated crosstalk）、集体中介串聊（collective mediated crosstalk）。

平行中介串聊，指串聊发生后，信息接收者与落单者各自使用手

---

① Lee Humphreys and Hazim Hardeman, "Mobiles in Public: Social Interaction in a Smartphone Era", *Mobile Media & Communication*, Vol.9, No.1 (2020): 103–127.

机，彼此不进行交谈的串聊模式。以往，落单者会做出各种社交防御行为，如吃东西、看窗外、看杂志、与其他人交谈等[①]；现在，落单者拿起手机的现象变得普遍。落单者看手机可以被视为社交防御行为。在以面对面互动为主要活动的场景中，平行使用手机的时间一般比较短暂。平行中介串聊也会出现在社交互动的最后阶段，被视为互动结束的信号。

双线中介串聊，指串聊发生后，信息接收者使用手机的同时，与在场伙伴进行交流，而在场伙伴不直接接触手机信息的串聊模式。双线中介串聊最初指与电话中的人进行语言交流的同时，保持与在场伙伴的非语言交流或语言交流[②]。比如用翻白眼示意对来电者的不耐烦，或者用唇语向在场同伴寻求帮助等。接听电话的人还有可能在来电人与在场伙伴之间充当传话人，在三方之间建立交谈。这主要发生在三方互相熟悉的情况下。即便如此，根据研究者报告，双线中介串聊并不常见。如今，低头看手机取代了打电话，成为串聊的主要方式，相应的，新的双线中介串聊模式变为人们在低头看手机的同时，与在场同伴进行口头交流，并不时抬头对在场同伴进行回应。

集体中介串聊，指串聊发生后，信息接收者和在场伙伴共同接收手机信息，且三方之间形成自由互动关系的串聊模式。这时手机被整合到原对话，而不是将互动者分隔开。例如，电话接听者将手机声音外放，可以促成三人之间的自由对话，以此避免落单者的形成。再比如，面对面互动中共享手机服务，一同听音乐、看地图、拍照与分享照片等，将手机变成面对面互动的补充工具。

以上三种应对方式均假定手机信息接收者处于面对面二人互动的基础结构当中。研究者同时指出，当串聊涉及两人以上时，中介串聊

---

[①] Lee Humphreys, "Cellphones in Public: Social Interactions in a Wireless Era", *New Media & Society*, Vol.7, No.6 (2005): 810-833.

[②] Lee Humphreys, "Cellphones in Public: Social Interactions in a Wireless Era", *New Media & Society*, Vol.7, No.6 (2005): 810-833.

对社交互动的影响似乎较小。戈夫曼认为，在三人或三人以上的群体中，即使发生了串聊，其他人仍然是群体的一部分，因此没有人会成为落单的、更易受到社交伤害的人[①]。以此类比，多人互动中中介串聊造成社交负面影响的可能性相对较低。

同时，串聊形成的不平衡的互动结构，要求信息接收者必须不断地在手机信息与在场伙伴两条互动战线上进行关系的协商。戈夫曼指出，人们既受到来电者的期待，也受到同场伙伴的期待。在某些情况下，管理一种关系的期望可能会对另一种关系造成损害。[②] 因此，人们往往会使用各种手段对互动进行调适，向他人表明自己的限制。

## 三　归因：从"呼叫者霸权"到"通知霸权"

在关于"低头症"的相关研究中，研究者倾向于去情境化的分析，将由手机使用者低头刷手机行为而造成的关系负面结果，归因于个体主观选择的过错。对"低头症"的定义中就包含了对互动方使用手机而"冷落"他人的指责。相关研究报告了"低头症"的形成原因，其中包括手机成瘾、害怕错过信息等问题性手机使用（problematic phone use）等[③]，此外，研究者关注到永久在线与永久连

---

① Erving Goffman, *Relations in Public* (New York: Harper & Row, 1971), p.25.

② Erving Goffman, *Relations in Public* (New York: Harper & Row, 1971), p.25.

③ Varoth Chotpitayasunondh and Karen M. Douglas, "How 'Phubbing' Becomes the Norm: The Antecedents and Consequences of Snubbing via Smartphone", *Computers in Human Behavior*, Vol.63 (2016): 9–18. Engin Karadag, et al., "Determinants of Phubbing, Which Is the Sum of Many Virtual Addictions: A Structural Equation Model", *Journal of Behavioral Addictions*, Vol.4, No.2 (2015): 60–74. Vittorial Franchina, et al., "Fear of Missing Out as a Predictor of Problematic Social Media Use and Phubbing Behavior Among Flemish Adolescents", *International Journal of Environmental Research and Public Health*, Vol.15, No.10 (2018): 2319. Sabah Balta, "Neuroticism, Trait Fear of Missing Out, and Phubbing: The Mediating Role of State Fear of Missing Out and Problematic Instagram Use", *International Journal of Mental Health and Addiction*, Vol.18 (2020): 628–639.

接[1]、不同人格特质（如神经质）与心理状态（如焦虑、抑郁）对低头行为的影响[2]。汉弗莱斯基于罗伯特·霍珀（Robert Hopper）提出的"呼叫者霸权"（caller hegemony）这一概念，对社交场合中的手机使用行为的原因提出了不同的看法。

根据霍珀对"呼叫者霸权"的论述，基于电话的交谈形成了呼叫方与接听方之间的不平等关系，即"呼叫者采取行动，而接听方必须做出回应"[3]。这一不平等关系源于接听方的信息匮乏，特别是在来电显示功能普及以前。汉弗莱斯将其引入到串聊研究，认为手机串聊形成的原因在于呼叫者霸权。来电显示功能普及以后，互动者开始根据手机来电显示以协商社交责任，这在一定程度上有助于改善来电者与接听方之间的权力动态关系。

智能手机普及以后，信息通知取代来电通知，成为社交干扰的主要原因。据此，汉弗莱斯与哈德曼将呼叫者霸权发展为通知霸权（notification hegemony），用以跟进最新的实践进展。首先，与语音来电相关的呼叫者霸权仍然存在。正如我们在第一部分所叙述的，来电接收者被认为具有同时协调手机信息互动与现场互动的责任。在语音来电时，接收者通常会依照来电人的重要程度、社交情境等因素做出是否接听来电的回应。但总体而言，基于语音通话的信息不平等关系

[1] Frank M. Schneider and Selina Hitzfeld, "I Ought to Put Down that Phone But I Phub Nevertheless: Examining the Predictors of Phubbing Behavior", *Social Science Computer Review*, Vol.39, No.6 (2021): 1075-1088. Varoth Chotpitayasunondh and Karen M. Douglas, "How 'Phubbing' Becomes the Norm: The Antecedents and Consequences of Snubbing via Smartphone", *Computers in Human Behavior*, Vol.63 (2016): 9-18.

[2] Evren Erzen, Hatice Odaci and İlknur Yeniçeri, "Phubbing: Which Personality Traits Are Prone to Phubbing?", *Social Science Computer Review*, Vol.39, No.1 (2021): 56-69. Juhyung Sun and Jennifer A. Samp, "'Phubbing is Happening to You': Examining Predictors and Effects of Phubbing Behaviour in Friendships", *Behaviour & Information Technology*, Vol.41, No.12 (2022): 2691-2704.

[3] Robert Hopper, *Telephone Conversation* (Bloomington: Indiana University Press, 1992), p.9.

依然存在。其次，更广泛的"手机通知"扩大了信息干扰源，使得通知霸权更为深入。在汉弗莱斯与哈德曼对手机通知的描述中，手机通知可以来源于"应用程序、平台、电信运营商以及试图与他们沟通的人际联系人"[①]。各种应用程序上的更新、嗡嗡声和通知标红源源不断，手机用户经常被召唤到手机中。研究者认为，手机通知的信息不对称特性导致了手机使用者必须不断处理相互竞争的需求。同时，互动双方均受到各自手机通知的影响，这也加大了中介串聊发生的可能性。

## 四　规范协商：社交情境、关系目标与权力关系

汉弗莱斯与哈德曼在研究中强调，信息接收者与信息发送者之间由信息不平等，形成了权力关系不平等，这种权力不平等是串聊发生的原因。在他们丰富的观察素材中，我们同时可以发现由现实权力关系造成的串聊压力。正如上文所述，电话接听者以翻白眼的方式表达对来电者的不满，这显示了是否接听电话恰恰对应了现实权力关系。

除此之外，汉弗莱斯关于社交规范与礼仪的叙述强调了互动者在关系协商方面的压力。面对面互动的社交规范既源于普遍的社会共识，也是互动双方不断协商的结果。这又与社交情境、关系目标等因素息息相关。已经有研究关注到串聊中的互动共识对关系维持的重要性[②]，同时，互动者还会采取一定的策略来使用手机，从而观照不同情境下

---

① Lee Humphreys and Hazim Hardeman, "Mobiles in Public: Social Interaction in a Smartphone Era", *Mobile Media & Communication*, Vol.9, No.1 (2020): 103-127.

② Jeffrey A. Hall, Nancy K. Baym and Kate M. Miltner, "Put Down That Phone and Talk to Me: Understanding the Roles of Mobile Phone Norm Adherence and Similarity in Relationships", *Mobile Media & Communication*, Vol.2, No.2 (2014): 134-153. Michal Frackowiak, Peter Hilpert and Pascale Sophie Russell, "Partner's Perception of Phubbing Is More Relevant Than the Behavior Itself: A Daily Diary Study", *Computers in Human Behavior*, Vol.134 (2022): 107323. Katherine B. Carnelley, et al., "Perceived Partner Phubbing Predicts Lower Relationship Quality But Partners' Enacted Phubbing Does Not", *Computers in Human Behavior*, Vol.174 (2023): 107860.

的社会关系①。从集体中介串聊的视角出发，手机使用也有可能成为加强社交互动的手段。

"串聊"作为一个较为新颖的概念，使人们能够以新的视角分析手机嵌入社会互动的过程。面对面互动中的手机使用打破了原来二人互动的平衡结构，产生了新的落单者。一方面，为应对感受到的社交排斥，落单者将采取自我防御措施，如假装忙碌或也开始刷手机避免落单的尴尬；另一方面，手机使用者为协调现实互动与手机互动的双重关系，将通过引入社交礼仪、维持双线互动或创建新的三人互动缓解原有的双线互动压力，甚至促进多重关系的发展。总体而言，新技术环境为面对面互动带来了新的挑战，多线交流的可能性为个体多重关系协商带来压力。

同时，汉弗莱斯与哈德曼的研究提醒我们，串聊不仅仅是一种个体选择，它与社交规范、现实权力关系动态等因素息息相关。其中，达成互动规范的共识是多重关系协商的重点。在开始的案例中，小丽与小李似乎对互动场合中的手机使用持有不同的看法，而这也直接导致了二人关系的破裂；小玲与朋友则通过协商统一了互动规范，满足双方互动需求进而达成关系目标。

当前研究多基于汉弗莱斯与哈德曼的实地观察与访谈，有待更多研究的证实。同时，随着数字时代串聊现象的日益普遍，对串聊现象在不同社交情境中的分析将为我们认识数字时代人际互动规范提供新的洞见。

## 第七节 "数字挖坟"：社交媒体上的语境坍塌

"数字挖坟"（gravedigging）常常被用来形容网民辗转各个社交媒

① Amy L. Gonzales and Yijie Wu, "Public Cellphone Use Does Not Activate Negative Responses in Others... Unless They Hate Cellphones", *Journal of Computer-Mediated Communication*, Vol.21, No.5 (2016): 384-398.

体平台，发掘和考据明星或公众人物的早期帖子、博文，并将这些过往的数字痕迹和其当下的线上线下行为进行比对的举动。若两者不一致，明星或公众人物的形象便可能走向土崩瓦解，也就是我们常说的"塌房"。此外，他们也可能面临来自公众的道德审判。其实，"数字挖坟"不仅限于网民对公众人物和明星的考古，它也是我们日常生活实践的一部分。小唐是成都的一名企业职员，他的微信朋友圈总是"仅半年可见"或"仅三天可见"，设置权限便始于他的某次经历。小唐刚入职不久，新加他微信的一个同事给他大学军训期间的一条朋友圈信息点了个赞，他的反应是："感觉太社死［社会性死亡］了，毕竟以前都很幼稚，万一有说话不得体的地方呢。再说朋友圈里有很多以前的生活记录，我舍不得删，也不想让别人再看到。"在这个案例中，小唐面临的是过往的生活被展露，在另一个案例中，小关则遭遇了私密数字空间和过往经历的双重暴露。在广东做记者的小关回忆到，她上大学时便是一名复媒体使用者，微博小号就是她的"自留地"，用来记录一些生活日记，在这里她只关注陌生人。但有一天，有一个 ID 突然发来私信，她点开其主页一看，竟然是同班同学，这让她非常紧张："我当时和我们班一个男生刚刚交往，但我以前的感情经历还保存在微博上没有删，我不知道她会怎么看我。"小关赶紧改了昵称，将微博设置为仅自己可见，但她依然没有安全感，认为自己的感情史多半暴露无遗。在社交媒体自我呈现的过程中，小唐和小关都以不同的形式遭遇了"被挖坟"。这也告诉我们，线上自我呈现的"前台"和"后台"并不总是有序地并置或分隔，有时也会发生交叠和错乱。

## 一 语境坍塌的诞生

实际上，"数字挖坟"这一互联网考古实践的结果便是语境坍塌（context collapse，又译为情境塌陷／语境崩溃／语境消解）。语境坍塌理论诞生于 2002 年，由学者达纳·博伊德（Danah Boyd）基于欧文·戈夫曼（Erving Goffman）的"拟剧论"（performance theory）的理论基础所提出。戈夫曼认为，个体的自我呈现和互动形式都是基于一定的社会规范。同时，个体会根据不同的社会情境和观众类型来区隔与确定自己的表演行为[①]。在人际交往中，人们对于语境的观察和运用总是无法避免的。博伊德[②]将语境线索（context cues）分为两类。一是背景情况（situational context），包括时间、地点、环境场合，以及一般的政治文化和价值观。比如，对于特定场合应该如何着装的经验，便来自我们先前背景情况的积累。二是人际情境信息（interpersonal context information）。当与他人聊天时，我们首先会暗暗评估一下他的角色和社会身份，观察其性格与谈吐，然后我们再参与其中。在面对面的人际互动中，我们可以很容易地掌握背景情况和获得人际情境信息，这些语境线索能帮助我们感知他人的反应和社会反馈，评估怎样才是合适的、被期待的互动形式，以此来调整自己的行为。

　　线上线下不同的架构形成了不同的社交语境。线下人际交往发生于一个限定的环境中，信息交流往往也只存在这一实体空间内；线上的人际互动中虽然也可以限定于某个聊天室、某个观众分组，但信息却往往长久地存档于数字空间，并且有可能被记录和搬运到其他地方。因此在社交媒体上，语境往往是缺失的、具有歧义的和崩溃的。一个个 ID、头像取代了我们的肉身，我们发布的数字信息脱离了实际发生的语境，而解读信息的受众更是难以知晓其语境。例如，有些人喜爱深夜在朋友圈记录自己的情绪，但对于观众而言，这些记录的语言已

① Erving Goffman, *The Presentation of Self in Everyday Life* (Garden City, NY: Doubleday, 1959).

② Danah Boyd, Faceted Id/Entity: Managing Representation in a Digital World (Master's Thesis, Massachusetts Institute of Technology, Cambridge, MA, 2002).

经被掐头去尾。脱离了上下文，这些信息变成了一堆令人费解的信息碎片。社交媒体将原本多元的线下社交语境融为一体，使其变得扁平单一，具有误导性①。比如，它模糊了公共的和私人的、专业的和个体的社交语境边界②，甚至体现出塌陷的新维度。在线上人际交往中，所有的私人语境崩溃，转而被公共语境取代③。社交媒体上难以估量的受众群体也被认为导致了语境坍塌④，这使得用户对于线上社交语境的评估更加困难，导致自我呈现变得愈加复杂甚至失控。用户既可能因误读信息语境而展现出不合适的面貌，也可能因在不同语境中所展露的不同身份发生重叠而面临尴尬局面。泛化的社交语境使得 YouTube（中文译为"油管"，是美国的在线视频网站）只能将受众都模糊化为"一般化的他者"⑤。博伊德等人进一步指出，Twitter（中文名为"推特"，现已更名为"X"，是美国的一家微型博客网站）用户会针对"想象中的受众"（imagined audience）来调整自己的行为⑥。

学者布兰德茨格（Brandtzaeg）等人基于约书亚·梅洛维兹（Joshua Meyrowitz）的社会情境论，提出"时间坍塌"（time collapse）的概念。这超越了已有的社交媒体中语境坍塌的空间维度，进一步厘清了社交媒体对于过去和现在的时间模式的混淆，以及解释时间维度

---

① Boyd Danah, *Faceted Id/Entity: Managing Representation in a Digital World* (Master's Thesis, Massachusetts Institute of Technology, Cambridge, MA, 2002).

② Davis Jenny L., and Nathan Jurgenson, "Context Collapse: Theorizing Context Collusions and Collisions", *Information, Communication & Society*, Vol.17, No.4 (2014): 476–485.

③ Wesch Michael, "YouTube and You: Experiences of Self-Awareness in the Context Collapse of the Recording Webcam", *Explorations in Media Ecology*, Vol.8, No.2 (2009): 19–34.

④ Georgakopoulou Alexandra, "Whose Context Collapse?: Ethical Clashes in the Study of Language and Social Media in Context", *Applied Linguistics Review*, Vol.8, No.2 (2017): 169–189.

⑤ Wesch Michael, "YouTube and You: Experiences of Self-Awareness in the Context Collapse of the Recording Webcam", *Explorations in Media Ecology*, Vol.8, No.2 (2009): 19–34.

⑥ Marwick Alice E., and Danah Boyd, "I Tweet Honestly, I Tweet Passionately: Twitter Users, Context Collapse, and the Imagined Audience", *New Media & Society*, Vol.13, No.1 (2011): 114–133.

如何影响用户的线上身份管理①。在本节开头的故事中，小唐的同事给他在朋友圈中发的动态点了赞，过往的自我呈现被陡然置于当下的社交语境，这便是一种时间坍塌。小关经历的情况更加复杂，她在微博上记录了自己过往的感情经历，并不想被熟人知晓，却不巧被现在的同班同学发现，小关面临的可能就不仅是时间维度的语境坍塌，还有线上线下情境重叠的空间维度的语境坍塌。当然，除了关闭微博内容这个办法，"不推荐给可能认识的人"的功能或许也能帮到苦恼的小关。

## 二 语境坍塌的应用与发展

语境坍塌理论为探讨社交媒体环境下的隐私、社交回避和可见性等问题提供了理论源泉。语境坍塌的对抗策略和线上身份管理成为学界关注的焦点之一。为了对抗语境坍塌，人们创建了不同的社交媒体账户并保持这些账户的分离②。如拥有微博小号的小关一样，许多复媒体环境下的青少年都选择在社交媒体小号上展示真实自我，往往发布不经修饰的琐事并表达真实观点，但他们仍然受到真实性所创造出的社会规范的控制，并且会通过消极的自我表达来对抗真实性③。此外，对语境坍塌的担忧还会导致微信用户停止使用微信④。既有的关于语境坍塌的研究，大致可分为以下三类。其一是立足中国的关系社会情境，延展对语境坍塌的讨论。学者张杰和马一琨基于"脸面观"和

① Brandtzaeg Petter Bae and Marika Lüders, "Time Collapse in Social Media: Extending the Context Collapse", *Social Media Society*, Vol.4, No.1 (2018).

② Boyd Danah, Faceted Id/Entity: Managing Representation in a Digital World (Master's Thesis, Massachusetts Institute of Technology, Cambridge, MA, 2002).

③ Darr Christopher R., and Erin F. Doss, "The Fake One Is the Real One: Finstas, Authenticity, and Context Collapse in Teen Friend Groups", *Journal of Computer-Mediated Communication*, Vol.27, No.4 (2022).

④ 黄莹:《语境消解、隐私边界与"不联网的权利":对朋友圈"流失的使用者"的质性研究》,《新闻界》2018年第4期。

"关系"（guanxi）等中国本土理论情境，将对朋友圈"仅三天可见"的设置视为"情境崩溃后的情境再分离的用户实践"。微信用户通过设置"仅三天可见"的时间界面，缓和语境坍塌带来的冲突，并修复熟人社交中的受损脸面。学者指出，中国语境的"关系我"和西方语境的"社会我"的区别，决定了语境坍塌在西方体现为社会情境的分野，在中国则体现为关系情境的分野[①]。其二是对可供性的关注。学者伊丽莎贝塔·科斯达（Elisabetta Costa）认为，博伊德的语境坍塌是基于平台可供性而提出的，但通过对土耳其东南部的一个中等规模的城镇的民族志研究，她发现当地社交媒体用户通过积极改变隐私设置等方式，保持不同的社交领域的分离，并提出"实践中的可供性"（affordances-in-practice）理论[②]。这也启示研究者需要结合差异化的、建构性的社会情境和群体的社交媒体使用习惯去发展语境坍塌理论，发掘和恢复"语境"的重要性[③]。其三是对隐私管理的探讨[④]。例如有的研究者会探讨"截屏社交"这一串台行为引发语境坍塌和隐私风险[⑤]。也有研究关注语境坍塌与社会资本[⑥]、在线分享[⑦]等。

① 张杰、马一琨：《从情境崩溃到情境再分离：社会—关系情境中的用户社交媒介实践——基于微信朋友圈"仅三天可见"的研究》，《国际新闻界》2022年第8期。

② Elisabetta Costa, "Affordances-in-Practice: An Ethnographic Critique of Social Media Logic and Context Collapse", *New Media & Society*, Vol.20, No.10 (2018): 3641-3656.

③ 张杰、马一琨：《语境崩溃：平台可供性还是新社会情境？——概念溯源与理论激发》，《新闻记者》2021年第2期。

④ Triggs Anthony Henry, Kristian Møller and Christina Neumayer, "Context Collapse and Anonymity Among Queer Reddit Users", *New Media & Society*, Vol.23, No.1 (2021): 5-21.

⑤ 李欢、徐偲骕：《隔"屏"有耳？——聊天记录"二次传播"的控制权边界研究》，《新闻记者》2020年第9期。

⑥ Vitak Jessica, "The Impact of Context Collapse and Privacy on Social Network Site Disclosures", *Journal of Broadcasting & Electronic Media*, Vol.56, No.4 (2012): 451-470.

⑦ Beam Michael A., et al, "Context Collapse and Privacy Management: Diversity in Facebook Friends Increases Online News Reading and Sharing", *New Media & Society*, Vol.20, No.7 (2018): 2296-2314.

学者杰弗里·特丽姆（Jeffrey Treem）等人在 2020 年指出，关于计算机中介传播（computer-mediated communication）的可见性的研究可以包括三个维度，其中便有一个维度关注互联网用户如何挖掘他人的社交痕迹[1]。对于文章开头提到的"数字挖坟"的语境坍塌，研究者可以从"想象性监视"的角度进行探讨。有学者认为，社交媒体的语境坍塌使得用户在监视他人的时候也学会了监视自己[2]。那么参与"数字挖坟"的社交媒体用户如何想象外界的监视，以及如何管理自我的线上呈现？上述问题仍待探讨。语境坍塌理论还为我们提供了一个透视社交媒体身份管理困境的支点。正如开头提到的小唐和小关的故事，两人在遭遇语境坍塌后都表现出一定程度的社交回避。已有研究探讨了微信朋友圈的"仅三天可见"的应对策略，后续的研究还可以基于复媒体使用实践，探讨语境坍塌的遭遇对数字主体在线身份管理的影响。另外还可以结合"时间坍塌"和时间社会学理论，关注社交媒体中其他具有怀旧意味的时间装置，例如百度网盘和微博中具有回忆功能的"那年今日"。

## 第八节　交叉性：为什么我 DeBuff 叠满了？

农村留守儿童王招娣捧着爸妈淘汰下来的廉价手机，玩着最近火爆的 5V5 MOBA 手机游戏（指一种玩家扮演不同角色，组成 5 人队伍相互对抗的游戏）。虽然手机有些破旧，屏幕里跳动的画面不时卡顿，但她还是玩得津津有味。她打开队内语音系统，时而喜悦地尖

---

[1] Jeffrey W. Treem, Paul M. Leonardi, and Bart Van den Hooff, "Computer-Mediated Communication in the Age of Communication Visibility", *Journal of Computer-Mediated Communication*, Vol.25, No.1 (2020): 44-59.

[2] Duguay Stefanie, "'He Has a Way Gayer Facebook Than I Do': Investigating Sexual Identity Disclosure and Context Collapse on a Social Networking Site", *New Media & Society*, Vol.18, No.6 (2016): 891-907.

叫，时而愤怒地大喊："对面你给我等着，给我上这么多 DeBuff，队友人呢？"这时候在厨房烧火做饭的奶奶咆哮起来："死丫头，叫那么大声，再叫唤当心我撕了你的嘴。"招娣回击道："凭什么就管我一个人，弟弟也在玩，你咋不管？"

在吵吵闹闹之中，王招娣输了这一局游戏。一个队友申请添加她为好友，好友申请上写满了不堪入目的脏话。招娣气不过，通过了这个好友申请，并和网友开语音对骂了起来。对方似乎注意到招娣普通话说得不是很利索，随后便出言讥讽道："农村妞普通话都说不好，游戏皮肤都买不起，又穷又没文化，赶紧卸载游戏养猪去吧！"招娣要气疯了！

上述个案中，有一个关键概念值得我们注意——DeBuff，即负面增益。在游戏中，这个概念指的是对玩家操控的角色不利的状态。常见的 DeBuff 有减速、定身、眩晕等。

在我们的现实生活中，是否也存在着这样的负面增益呢？多种负面增益叠加在一起，又会有什么交互效应呢？这些负面增益对人际传播，尤其是数字时代的人际交往有什么样的影响呢？

## 一 交叉性：一种批判性社会理论

事实上，从社会学意义上来说，个体的"负面增益"是普遍存在的。比如，相较于农村男性青年和城市女性青年，农村女性青年往往面临着更多的社会不公和结构性压迫。中国农业大学潘璐的田野调查显示，农村智障女性面临着更多性侵害风险。在婚姻权力关系中，她们也处于弱势地位。[1]可以看到，多种不同的"身份变量"交织在一起，构成了一张大网。许多社会理论学者、女性主义学者都对此有着深入研究，并据此提出了交叉性（intersectionality）理论。

---

[1] 潘璐：《农村智障女性的婚姻获得与权益缺失——对河北省 X 县两村的田野观察》，《中国农业大学学报（社会科学版）》2010 年第 1 期。

接下来我们在历史语境中进行一次"回溯"，看看最早提出交叉性理论的学者是在什么情境下提出这一理论的，其现实背景和理论背景又有什么特殊性。

黑人女性主义学者金伯勒·克伦肖（Kimberlè Crenshaw）是使用"交叉口"（intersection）和"交叉性"（intersectionality）概念来描述不同社会身份（identity）遭遇的社会困境的先驱。其在1989年的论文中分析了三个有关黑人女性的法律诉讼案件。克伦肖罗列了黑人女性败诉的三起讼案：法院要么拒绝承认黑人女性和白人女性在受雇方面存在差异，要么不认可黑人女性能够作为独立的黑人群体与黑人男性进行比对。克伦肖如此描述黑人女性处于交叉口的境遇："黑人女性有时候会遭遇类似社会对白人女性和黑人男性的歧视。但是，她们经常遭遇双重歧视——基于种族的歧视和基于性别的歧视。"[1]

此前第二波女性主义浪潮和马克思主义一道，构建了"资本主义—父权制"的二元论批判体系，主要关注阶级和性别差异导致的不平等。在第三波女性主义浪潮中，克伦肖等一众学者根据交叉性理论引入了更多差异性变量来综合考察种族（race）、性（sexuality）、年龄（age）、能力（ability）、地域（location）、民族（nation）和宗教（religion）等一系列差异，以及上述差异造成的社会问题。[2]

此外，克伦肖认为，存在三种形式的交叉性。罗宾·M.伯伊罗恩（Robin M. Boylorn）是这样理解和阐释三种形式的交叉性的：结构交叉性、政治交叉性、表征交叉性。[3]"结构性交叉性用于阐释社会结构

---

[1] Kimberlé Crenshaw, "Demarginalizing the Intersection of Race and Sex: A Black Feminist Critique of Antidiscrimination Doctrine, Feminist Theory and Antiracist Politics", *Droit et Société* 108 (2021): 465-87.

[2] 常佩瑶：《交叉性理论与当代西方马克思主义女性主义的困境》，《妇女研究论丛》2022年第2期。

[3] Robin M. Boylorn, "Intersectionality Theoretical Lineages Toward Interpersonal Legacies", in D. O. Braithwaite, & P. Schrodt (Eds.), *Engaging Theories in Interpersonal Communication: Multiple Perspectives* (New York: Routledge, 2021), p.262.

所产生的不平等。政治交叉性主要指当两个或两个以上的群体之间的身份政治运动发生互动时，群体间的子集将会被歧视和被边缘化。表征交叉性提到了刻板印象对边缘群体的影响。"[①]

作为一种批判性社会理论，帕特里夏·希尔·柯林斯（Patricia Hill Collins）和西尔玛·比尔盖（Sirma Bilge）如此描述交叉性："在社会不平等方面，当我们处于特定的社会条件时，更好的理解应当是，人们的生活和组织的权力并非由单一的社会划分向度（无论是种族、性别还是阶级）决定，而是由许多向度共同作用并相互影响决定的。交叉性作为一种分析工具，让人们更好地了解世界和自身的复杂性。"[②]

柯林斯在其专著中对交叉性做了总结。她认为，交叉性理论有六大核心主题以及四大前提性假设。[③] 六个核心主题分别是：关系性、权力、社会不平等、社会语境、复杂性以及社会正义。第一，关系性意味着交叉性是在自然形成的人际关系网络中建构和生成意义的。第二，权力分析是交叉性理论中的批判性要求，种族、性别、气质、阶级、性向、能力、年龄等社会变量联合作用，制造出不平等的物质结果。第三，交叉性理论重新反思了社会不平等概念，传统的理论往往将社会不平等看成是社会运作中不可避免的结果，而交叉性理论则反对这种将不平等正常化的观点。第四，交叉性理论关注不同的社会语境中的知识生产问题。第五，由于涉及如此多的动态的社会向度，将多种角度引入交叉性调查将有助于更全面的复杂性分析。第六，交叉性研究的伦理导向是追求社会正义。

四大前提性假设包括：第一，种族、阶级、性别以及其他类似的权

---

① Dawn O. Braithwaite and Peter Schrodt, ed., *Engaging Theories in Interpersonal Communication: Multiple Perspectives* (3rd ed.; New York: Routledge, 2021), p.262.

② Patricia Hill Collins and Sirma Bilge, *Intersectionality* (Cambridge, England: Polity, 2016), p.2.

③ Patricia Hill Collins, *Intersectionality as Critical Social Theory* (Durham, NC: Duke University Press, 2019), p.42.

力系统彼此是相互依赖、彼此建构的关系。第二，具有交叉性质的权力关系会生产复杂的、相互依赖的社会不平等，包括种族、阶级、性别、性、国籍、能力等方面的不平等。第三，在交叉性的权力关系中，个人和群体的社会位置会塑造他们有关社会世界的经验和观点。最后要想解决本地性、地区性、国家性和全球性语境下的社会问题，需要采用交叉性分析。[①]

回到开头所说的个案，王招娣实际上正处于交叉口上，不仅在游戏里被对手叠满了"DeBuff"，在现实生活中同样受到多重"DeBuff"的影响。她首先是一名女性，名字还被取为"招娣"，在家庭关系中受到"重男轻女"思想的压迫。不仅如此，作为乡村留守儿童，招娣一方面缺乏父母的直接监管和面对面关照，另一方面也不像城里的孩子那样有着多姿多彩的课外活动，她大多数时间都在玩手机，由此想要改变贫困生活现状也更加困难。在多重"不利因素"的交叉作用下，有关招娣未来生活的想象空间似乎变得十分有限。

## 二 从理论到实证：交叉性研究的路径

交叉性研究的一大特质便在于跨学科性，尽管该理论本身因为模糊性而饱受诟病，但不可否认的是，它也为除性别研究之外的其他学科提供了新的研究视角和思路。诸如社会学、教育学、人类学、心理学、政治学、法学、传播学等学科都可以采用这一视角开展研究。本小节将分析传播学是如何将交叉性中抽象的概念，如歧视、剥削、压迫、社会公平等操作化为可调查的命题的。

交叉性理论受到了大量传播学实证研究的关注。许多研究都旨在通过交叉性这一理论思路，去批评权力的结构，理解文化性、制度性

---

① Patricia Hill Collins, *Intersectionality as Critical Social Theory* (Durham, NC: Duke University Press, 2019), p.44.

压迫，从而更好地追求一个公平的世界。

　　量化方面的交叉性传播研究主要关注性别、种族等自变量在多大程度上影响以及如何影响媒介素养、身份认同等因变量。研究者往往通过问卷调查、实验法、个案分析、文本分析等方式展开研究。美国研究者基于 2017 年华盛顿妇女游行（Women's March on Washington）事件对社交媒体的相关文本展开分析。研究发现，交叉性不仅停留在书本上，还被组织者运用到社交媒体活动倡议文中。妇女中的边缘群体（如少数族裔、少数宗教等）均有所观照，从而使得整个女性群体团结起来。[1]在一篇有关国外社交媒体推特话题 #SayHerName 的案例研究中，研究者综合该话题下的 40 万余条相关内容进行内容分析，发现认同 #SayHerName 的推特用户往往会突出警察暴力以及黑人女性受害者身份，由此借助种族和性别的交叉口引发更高的关注度。[2]

　　质化方面的交叉性传播研究涵括民族志、访谈、参与式行动研究等多元路径，相较于量化研究的数据导向、相关性导向，质化研究更偏重边缘群体的主观经验，以及通过个体陈述透视更深层次的社会不平等结构。譬如，几年前越南媒体有关"越南媳妇被强迫嫁到中国"的新闻层出不穷，而越南前往中国的女性务工者则往往被越南媒体和当地民众污名化为卖淫女。有研究者基于此背景，对移民中国后却返回越南的女性进行深度访谈。研究发现，这些越南女性往往面临着国籍差异、语言差异、社区关系疏离、弱势性别等交叉性因素的影响。由于种种因素制约，她们对社交媒体平台的使用有限，并且不能很好地利用社交媒体平

---

[1]　Jennifer Vardeman and Amanda Sebesta, "The Problem of Intersectionality as an Approach to Digital Activism: The Women's March on Washington's Attempt to Unite All Women", *Journal of Public Relations Research*, No.32 (2020): 7-29.

[2]　Melissa Brown, Rashawm Ray, Ed Summers and Neil Fraistat, "#SayHerName: A Case Study of Intersectional Social Media Activism", *Ethnic and Racial Studies* Vol. 40, No. 11 (2017): 1831-46.

台去反抗媒体和当地的话语。[①]

总的看来，在数字时代，交叉性仍然影响着人际传播。一方面，交叉性影响着媒体、用户在新媒体内容中生成的表征和符号体系；另一方面，用户也会受到交叉性形成的"压力"而产生独特的新媒体使用行为。

有的人可能会说，我是一个城市家庭的男生，又不像留守女童王招娣一样受到压迫，正是交叉性理论所说的主流群体。那学习交叉性、支持边缘群体对我有什么意义呢？但是别忘了，人总是会老的，总是会生病的，这是任何人都难以避免的。而年龄歧视、能力歧视，同样是交叉性理论所反对的歧视现象。现在，你觉得交叉性是否有意义呢？

## 第九节 复媒体与平台摇摆

### 一 现象初探

小刚最近很烦恼，不过是甜蜜的烦恼：通过某聊天软件，他认识了一个来自中国台湾的女生安妮，两人在网上相谈甚欢，甚至还交换了彼此的微信账号。但是他发现，自从加了微信以后，他和安妮的互动反而变得断断续续。常常会出现一种情况：他发出了消息后，安妮隔好几天才会回复。此外，他本想看看安妮的朋友圈中展示的近期动态，却发现她的朋友圈空空如也。

尽管安妮的态度似乎没变，但是小刚总是感到惴惴不安，于是他

---

① Le-Phuong Linh, Vietnamese Female Returnees from Forced Migration in China: An Explorative Study on Media Impact and Intersectionality (paper presented at Asian Studies, Vol. 1, Twelfth International Convention of Asia Scholars〈ICAS 12〉, June 2022), pp. 355-365.

在小红书发布了一个帖子介绍自身的情况，想让广大网友给他支支招。许多来自台湾的网友提醒说，或许安妮最常用的社交软件是 Line 而不是微信；她的朋友圈之所以没有生活动态，也许是因为她更乐意在 Instagram 上分享社交。

小刚这时才意识到，安妮常用的社交平台和自己常用的社交平台未必相同，自己习以为常、每天登录的微信对于安妮而言可能是一种陌生的、不好用的社交软件。他的问题在于，要怎样才能更好地了解安妮？自己是否需要学习 Line、Instagram 等的用法？以后要用什么样的沟通策略和媒介才能和安妮保持紧密连接呢？

## 二　理论阐发

事实上，对于这一现象，有关跨地区和跨国传播的研究能够给出一些启发性的观点。一些学者会倾向于用数字鸿沟、数字不平等等理论对本现象进行阐释。他们认为，媒介使用者本身媒体接入能力、数字技能、自主性等方面的差异可能会导致沟通方式上的差异。[①] 譬如，他们可能会认为，小刚和安妮之所以会产生沟通障碍，原因在于两人所处的媒介生态出现了差异，两人的沟通习惯和沟通节奏也不同步。

除了数字鸿沟理论，由英国人类学家米尔卡·马蒂亚诺（Mirca Madianou）和丹尼尔·米勒（Daniel Miller）提出的复媒体（polymedia）理论，以及埃德森·坦多克（Edson Tandoc）基于复媒体理论和利基理论（niche theory）而提出的平台摇摆（platform swinging）理论亦有强大的解释力。

复媒体理论认为，媒介环境是一种整体性的、综合的结构。在

---

① Yang Wang and Sun Sun Lim, "Digital Asymmetries in Transnational Communication: Expectation, Autonomy, and Gender Positioning in the Household", *Journal of Computer-Mediated Communication*, Vol. 25, No. 6 (2020): 365-381.

该结构中，每一种媒介或平台都在其他媒介或平台的语境下被定义为一种关系性术语。换言之，该理论不再聚焦于单一媒介、技术造成的影响，而是从媒介之间的关系和差异入手，探究不同类型的媒介、技术和平台的选择会导致什么样的社会和情感后果。同时，米勒等人认为，复媒体环境的形成需要三个先决条件，它们分别是可接入性（access and availability）、可负担性（affordability）以及素养（media literacy）。[①]媒介使用者需要能够买得起媒介设备，如手机、电脑等，以及能够正确使用它们，这样一来就有机会进入复媒体环境，根据特定的人际关系的沟通需求，选择合适的媒介、技术和平台进行人际传播。

值得注意的是，复媒体与富媒体（rich media）、多媒体（multimedia）之间有微妙的区别。富媒体这一概念最早由苏珊·布里森丁（Suzanne Brisendine）提出，指的是包含流媒体、图片、音频、文本、Flash 等内容资源，以及 Java、HTML5 等程序设计语言，具有动画、声音、视频等组合式的交互性的信息承载方式。[②]可以看到，该概念更重视媒体本身的技术属性和呈现形式。相似的是，多媒体强调的是两种或两种以上的媒体融入一套人机交互式的信息传播媒体中。[③]复媒体中的复对应的是"poly"，该词缀源于希腊语，意思是"诸多"或"数个"。使用该词修饰媒介更是意在指出，媒体作为人类的一种生存环境和综合结构，正在持续不断地为人际传播提供更多的可能性。同时，复媒体这一概念扬弃了媒介生态学技术决定论的倾向，融入了可供性的理论，强调了用户是如何利用媒介综合结构的可供性，去管理自身的情

---

① Mirca Madianou and Daniel Miller, "Polymedia: Towards a New Theory of Digital Media in Interpersonal Communication", *International Journal of Cultural Studies*, Vol. 16, No. 2 (2013): 169-187.

② 宋磊:《富媒体背景下海洋出版的 SWOT 分析和应对策略》,《出版广角》2022 年第 1 期。

③ 曹红:《计算机多媒体技术的应用现状与发展趋势》,《产业与科技论坛》2022 年第 10 期。

感以及关系资源的。[①]

承续复媒体理论，平台摇摆理论更为确切地描述了用户是如何在复媒体环境中辗转腾挪，选择不同的媒体平台以满足自身特定的需求（无论是经济需求、情感需求还是关系维护的需求）的。2018年，坦多克等研究者率先提出了平台摇摆这一概念。他们认为平台摇摆是指"用户使用多个社交媒体平台，并在这些平台之间定期轮换的行为"。他们通过对多名新加坡社交媒体用户展开焦点访谈，发现用户的平台摇摆行为有助于进行关系管理和自我展示，允许社交媒体用户克服结构、社交和规范障碍，以获得更大的满足机会。[②]

这一研究提醒我们，用户从媒体、技术和平台中获取的满足，或许并不局限于使用媒介、浏览媒介内容本身，他们在媒介的切换、摇摆和轮换中，同样能够获得满足。举个例子，当下许多用户都拥有着"复数人设"，即在多个平台创建账号，扮演着不同的角色，通过不同的内容表达着不同的个性。使用微信时，面对着长辈、同事或者老师，我们可能会扮演一个"热爱生活、努力进取"的人设，往往会采用谦逊、克制的社交策略，而使用其他平台如微博、抖音等时，许多人则有可能"放飞自我"，会采用与在微信时截然不同的人设选择更为随性的人际交往方式。在切换人设的过程中，用户既实现了特定社交圈中的自我展演，又有机会达成新的社会联结。

近年来，我国有关复媒体和平台摇摆的接续性研究亦如雨后春笋般涌现。董晨宇等研究者基于复媒体和平台摇摆理论，探索了中国留学生的社交媒体使用行为，并指出不同类型的留学生具备不同的社交

---

① Mirca Madianou and Daniel Miller, "Polymedia: Towards a New Theory of Digital Media in Interpersonal Communication", *International Journal of Cultural Studies*, Vol. 16, No. 2 (2013): 169-87.

② Edson C. Tandoc, Chen Lou and Velyn Lee Hui Min, "Platform-Swinging in a Poly-Social-Media Context: How and Why Users Navigate Multiple Social Media Platforms", *Journal of Computer-Mediated Communication*, Vol. 24, No. 1 (2019): 21-35.

媒体平台分配差异，即将自己的主要社会关系"分配"到不同的社交媒体之上。[①]Yutian Xiong 等研究者指出，在国内，尤其是在粤港澳大湾区的复媒体环境中，微信这一平台作为协调者，在跨文化沟通中协调了大量的其他数字沟通工具，发挥着重要的经济、政治和文化作用。他们同时指出，在复媒体环境中，各媒体间虽然存在不对称性，但也有助于中产阶层女性的赋权。[②]此外，李媛媛对平台摇摆做了进一步的细分，将平台摇摆分为三个类型：多平台间的平台摇摆、单一平台内部的平台摇摆、跨网的平台摇摆。[③]

## 三 总结和讨论

最后，我们需要对复媒体和平台摇摆两个概念进行梳理和总结。其一，复媒体是一种综合结构，是一种关系性的概念，同时兼顾了结构性的技术和能动的用户。这意味着，我们不能简单地把复媒体理解成一种环境或一种生态，而应同时关注用户如何看待复媒体对于自己的社会关系的影响，以及用户使用复媒体的策略。其二，平台摇摆是用户使用多个社交媒体平台并在这些平台之间定期轮换的行为。这一定义的重点在于轮换，即用户并非放弃了某个平台而选择了另一个平台，而是呈现出周期性、节律性的平台使用行为。

回到我们最初讨论的案例，小刚和安妮明明一开始很聊得来，可是为什么加了微信以后两人反而变得疏远了呢？如果引入复媒体和平台摇摆的概念，我们会发现，陌生人社交软件对于安妮来说是一个

---

① 董晨宇、丁依然、段采薏：《作为复媒体环境的社交媒体：中国留学生群体的平台分配与文化适应》，《国际新闻界》2020 年第 7 期。

② Yutian Xiong and Tingting Liu, "WeChat as the Coordinator of Polymedia: Chinese Women Maintaining Intercultural Romantic Relationships", *Media International Australia*, Vol. 188, No. 1 (2023).

③ 李媛媛：《数字游牧民：复媒体环境中的社交媒体平台摇摆研究》，《当代青年研究》2022 年第 3 期。

扩展新的友谊关系乃至浪漫关系的媒介选择，从这种寻求关系扩展的动机中走出，回到日常生活中时，她或许更加倾向于将自己日常的社交关系的维护和管理分配到 Line 等软件中。与之相反的是，小刚的线上社交关系主要在微信内进行维护。这也造成了两人沟通的障碍。而解决方案在于，双方至少有一方，需要在对方的平台之中驻足久一点。

## 第十节　打造人设：社交媒体平台上的数字脸面

从 21 世纪的第二个十年起，"顶流塌房"越来越司空见惯。无数粉丝和网民围观、见证着偶像的人设崩塌。人们发现，这些明星在社交媒体上精心塑造的形象，与日常生活中的他们／她们判若霄壤。不过，本书无意对此展开道德评判，而是思考明星与普通人究竟如何借助新媒介技术来打造人设？从人际传播的角度看，是否有较为成熟的概念和理论可以帮助我们理解这种现象？

### 一　情景引入：社交媒体上的数字脸面

人设（character design/set）最早用来指动漫、游戏、电影等作品中的角色造型，包括外形、性格、表情、服装等。后来，该表述被广泛用来指明星等公众人物在大众面前所扮演的角色。事实上，不只是明星，普通人也在借助各式各样的社交媒体来搭建自己的独特人设。从朋友圈到微博，再到小红书及各种约会软件，人们总是精心地管理着自己在别人心目中的形象。

其实，我们所有人都在借助新媒介技术进行表演，不同的社交媒体平台承载着我们的部分自我。我们会想象推文的潜在受众，以调整我们要发布的文案、照片等。这些推文既显现着我们对自己的期许，也流露出我们希望获得他人赞许的需求。从某种程度上甚至可以说，社交媒体的个人主页和推文恰是我们的数字"脸面"。

## 二 面子理论：面子、面子威胁与面子功夫

在中国人的日常用语中，脸和面都很常见。比如：你要不要脸？给我个面子？等等。美国社会学家欧文·戈夫曼（Erving Goffman）在借鉴了中国人脸面观的基础上，建构了"面子"（face）概念，并将其置于拟剧理论的脉络中。拟剧理论认为，日常人际互动其实是一场场表演，它要求人们各司其职，以恰切的角色配合来确保表演的顺畅进行。戈夫曼认为，面子就是个人借由表演所进行的自我形象管理[①]。此时，面子成为自我公共形象的身体隐喻。

威廉·库帕克（Willam Cupach）和桑德拉·梅茨（Sandra Metts）在此基础上认为，戈夫曼虽然考虑到了面子的普适性，但却未能关注亲密关系中面子问题的具体表现。于是他们提出"面子工作"（facework）的概念，正式确立了人际传播领域的面子理论（face theory）[②]。面子理论的核心构成包括面子、面子工作以及面子威胁三个概念[③]。佩内洛普·布朗（Penelope Brown）和斯蒂芬·列文森（Stephen Levinson）认为，作为形象的表征，面子内在地反映了两种意愿和需求：一方面，积极面子（positive face）反映了个人渴望被他人接受的意愿；另一方面，消

---

① ［美］欧文·戈夫曼：《日常生活中的自我呈现》（中译本第二版），冯钢译，北京大学出版社，2022。

② 转引自 Aimee E. Miller-Ott and Cimmiaron F. Alvarez, "Face Theory: The Ongoing Performances of Our Lives", in Dawn O. Braithwaite and Paul Schrodt, ed., *Engaging Theories in Interpersonal Communication: Multiple Perspectives* (3rd Edition) (New York: Routledge, 2022), p.171.

③ Aimee E. Miller-Ott and Cimmiaron F. Alvarez, "Face Theory: The Ongoing Performances of Our Lives", in Dawn O. Braithwaite and Paul Schrodt, ed., *Engaging Theories in Interpersonal Communication: Multiple Perspectives* (3rd Edition) (New York: Routledge, 2022), p.172.

极面子（negative face）反映了个人渴望独立的意愿[1]。

从日常经验中不难发现，无论是积极面子还是消极面子都有可能受到威胁。比如，在你发言结束后，一位观众对你的观点展开猛烈批判，此时你的积极面子可能受损，也即你因为没有得到他人赞同而觉得丢脸。再比如，当你想出去看一场电影时，导师突然叫你去办公室谈话，如果你放弃电影加入谈话，那你的消极面子则可能受损，也即你因被迫屈从而感到丢脸。观众批评及导师要求都可视作威胁面子的行动（face-threatening act）。

此时，为了避免面子受到威胁，人们会采取各种策略进行面子工作，具体可分为防御型面子工作和修补型面子工作两类[2]。首先，防御型（preventitive）面子工作是指个人往往会避免参与到可能使面子受损的话题讨论和社交情形中。这意味着在发言时，你会尽可能周密地表达观点，同时避开可能引起争议的话题。而作为观众，哪怕你无法同意发言者的观点，也需要尽量以一种避免对方尴尬的方式来批评。

其次，修补型（corrective）面子工作是指在面子受损时采取的各种补救策略。比如，你谢绝导师邀请时可能会撒谎——告知对方你有要紧事需要处理，无法推脱，为拒绝寻找托辞。你也可能会直接说明真实情况并道歉，来挽回自身在导师眼中可能受到贬损的形象。总之，无论是撒谎还是道歉，都可以视作维系自我良好形象的策略。

可以发现，为了维护自我在他人眼中的良好形象，我们通常会采取各种策略进行面子工作来避免或修补威胁面子的诸种行动。这一思路也可以用来分析社交媒体上的人设打造。瓦勒里·施拉德（Valerie Schrader）和朱莉娅·舒勒（Julia Schuller）发现，借助社交媒体，人

---

[1] Penelope Brown and Stephen Levinson, *Politeness: Some Universals in Language Usage* (Cambridge: Cambridge University Press, 1987), p.13.

[2] Aimee E. Miller-Ott and Cimmiaron F. Alvarez, "Face Theory: The Ongoing Performances of Our Lives", in Dawn O. Braithwaite and Paul Schrodt, ed., *Engaging Theories in Interpersonal Communication: Multiple Perspectives* (3rd Edition) (New York: Routledge, 2022), p.175.

们得以创造一套全新的个人身份①。这是因为，人们可以精心地整饰意欲发布的文字、图片以及视频，其中已经规避掉了个人不想展示的部分（防御型面子工作）。而对于推文的负面评论及骚扰性私聊（威胁面子的行动），人们则可以采取删除评论、拉黑用户等方式来处理（修补型面子工作）。可以说，面子理论在新媒体时代仍然具有相当强的阐释力。

### 三　面子的概念反思与人设崩塌的批判分析

不过，有学者指出，面子理论背后西方的文化价值观建构可能使其在解释其他文化时不够深入。比如，翟学伟指出，戈夫曼在建构面子概念时未能仔细区分中国人在使用"脸"与"面"时的细微差异。他指出，戈夫曼的面子所指更倾向于中文中的"脸"，即个体所展示的自我形象。而中文中的"面"更多指人们所期待提升的"心理地位"，其在很大程度上关乎他人对自己的评价②。换言之，中国人的脸面观并非个体主义的自主展演，而是内嵌于关系中的情理运作。所以，面子理论真正的核心议题不应是拟剧论所展现的自我行动逻辑，而是关系运作的逻辑。这一点对于本土的人际传播研究颇具启示，它要求我们从关系的角度看待人设的建构，而非简单地将其视作个人的行动。

另外，吴畅畅等人在细致分析中国偶像"塌房"时指出，"偶像 /名人从完美人设向不完美，甚至是反社会形象的'塌陷'，确保了大多数作为普通人的网民，面对粉丝在符号性虚假体系中与偶像形成的强烈的情感依恋关系时，能够成功地维系一种新教徒式的道德优越

---

① Valerie Schrader and Julia Schuller, "Broadcasting the Backstage: Essena O'Neill's Facework as an Instagram Model", *Ohio Communication Journal*, Vol. 56, No.1 (2018): 79–92.

② 翟学伟：《"语言游戏"与作为方法的中国训诂传统：兼论建构面子理论的方法》，《开放时代》2021年第2期。

感"。[①]可见，偶像的人设建构总是被置于更全面、系统性的审查之中，除了网民和粉丝，各种商业力量与政治力量也时刻关注他们面子维系的诸种策略。此时，以微博为代表的社交媒体显然提供了更加便利的手段，所有人都可以加入这场建构乃至解构人设的运动中。滚滚洪流翻过，偶像长年累月树立的良好形象、积累的人脉资源可能会骤然崩塌甚至消失。

## 第十一节 数字时代的模因（meme）

什么是"梗"？这是一个什么"梗"？在生活中，我们经常听到有人这样发问。一种询问来自网络语言外部，询问者不得其门而入，网络中流行的奇特方言如同令人困惑的屏障；另一种询问发生于网络语言内部，询问者已经熟悉"梗"制造的表意方式。从"你这瓜保熟吗""要啥自行车"到"泰裤辣""沉淀"，网络模因（meme）一直以"梗"的形式与我们的日常交流相伴。1976年，英国生物学家理查德·道金斯在《自私的基因》中首次将通过模仿而传播的文化基因称为meme。[②]根据《牛津英语词典》，meme被定义为："A type of behaviour that is passed from one member of a group to another, not in the genes but by another means such as people copying it."（一种行为从一个群体的一个成员传递到另一个成员，不是通过基因，而是通过另一种方式，如人类复制。）[③]因此，meme可由其两个最主要的特征来定义：meme是复制因子；模仿是其主要传递方式。那么，meme应当

---

① 吴畅畅、顾明敏：《偶像"塌房"与大众文化的精神政治学分析》，《文艺理论与批评》2023年第3期。

② ［英］理查德·道金斯：《自私的基因》，卢允中、张岱云、陈复加、罗小舟译，中信出版社，2012，第127页。

③ ［英］阿尔伯特·悉尼·霍思比：《牛津高阶英语词典》，李北达译，商务印书馆，2012，第1296页。

如何翻译？它和梗的关系是什么？在互联网场景下，传统的文化基因理论是否仍然适用？人们在什么情境下、以何种方式、出于何种目的使用 meme？反过来，meme 又如何影响人际交流的实践？

## 一 迷姆、模因还是梗？

举例而言，生活在轴心时代的柏拉图，作为生物意义上的人早已不复存在。但英国哲学家阿尔弗雷德·怀特海（Alfred Whitehead）却说"整个西方哲学界两千多年来，不过是在为柏拉图作注"。[①] 柏拉图的思想和著作就是他的"meme"，我们今天谈论和研究"柏拉图"，也是在研究他的 meme，这一不断被言说的形式在延续他的生命。

由于这一概念的多义性及其与大众文化的切近性，各学科关于 meme 的研究已经汗牛充栋。在中文语境中，我们通常将 meme 翻译成"模因"或"梗"，前者作为主体代表 meme 文化，后者则更近于定语和社会文本，如"梗图"。本节旨在探讨数字时代的 meme 对人际交往有何影响，因此采用后一种译法，在将 meme 作为一种文化现象时则采用"模因"的翻译。事实上，由于政治生态和文化语境的差异，"梗"的生产、扩散和消费（使用）都存在较大差异，我们在此以英语世界的 meme 研究为参照，在中文语境下探究前文提出的诸问题。

利莫·士弗曼（Limor Shifman）首先探讨了数字时代的梗文化，提出了一个沟通导向的模因类型学，分为内容、形式和立场三个维度：内容维度指的是模因所表达的主题或信息；形式维度指的是模因所采用的媒介或样式；立场维度指的是模因所反映的态度或观点[②]。布

---

① ［英］阿尔弗雷德·怀特海:《过程与实在（修订版）》，李步楼译，商务印书馆，2011，第 50 页。

② Limor Shifman, "Memes in a Digital World: Reconciling with a Conceptual Troublemaker", *Journal of Computer-Mediated Communication*, Vol.18, No.3 (2013): 362–377.

拉德利·E. 威金斯（Bradley E. Wiggins）则用亨利·詹金斯（Henry Jenkins）"可延展媒介"的概念指代原创信息，借助安东尼·吉登斯（Anthony Giddens）的结构化理论分析梗如何作为参与式文化产物被建构生成，提出变异性和参与性两个核心特征[①]。梗是由网民通过经典化和"二创"建构出来的一种社会现实，这些实践又为网络梗的结构所制约和影响，这事实上也体现了创造与约束间的辩证关系，因此梗应当被视为流动的文化形态。在更广阔的范围中，阿萨夫·尼森鲍姆（Asaf Nissenbaum）等从梗文化的本地和全球维度出发，对英语、西班牙语、德语和中文的主流梗模板进行分析，检视其中嵌入的主要形式、社会身份和情感，发现网络梗图以愤怒情绪为主导，但在价值上仍然偏向主流社会规范，这在一定程度上喻示了梗作为文化抵抗形式仍有相当强的保守性[②]。凯特·M. 米尔特纳（Kate M Miltner）在《社交媒体手册》中的综述研究指出梗作为主动创造和分享媒体实践的研究价值，提出数字媒体时代网络的梗生产、分发和消费的新进路，指出其作为参与式文化所具有的解放性[③]。

在微博和小红书等中国社交媒体上，英文梗图的账号往往是梗文化热爱者收集"梗"的主要来源。在可获取性上，主流的模因制作工具 Meme Center、Imgur、Memegenerator 均为英文网站，对中国用户而言操作难度较大，在微信聊天中风靡的梗图也多是译制而成。英文世界的梗图多源自流行文化、政治事件和宗教传统等，它们往往反映人们对社会的批判和调侃。而中国的"梗"多聚焦于症候性的社会热

① Bradley E. Wiggins and G. Bret Bowers, "Memes as Genre: A Structurational Analysis of the Memescape", *New Media & Society*, Vol.17, No.11 (2015): 1886-1906.

② Asaf Nissenbaum and Limor Shifman, "Meme Templates as Expressive Repertoires in a Globalizing World: A Cross-Linguistic Study", *Journal of Computer-Mediated Communication*, Vol.23, No.5 (2018): 294-310.

③ Kate M. Miltner, "Internet Memes", in Jean Burgess, Thomas Poell and Alice E. Marwick, ed., *The Sage Handbook of Social Media* (New York: Sage Publications, 2018), pp. 412-428.

点；在另一层面上，它更近于"典故"，也即《文心雕龙》所谓"据事以类义，援古以证今"。高语境的中国文化背景下形成的梗往往会让不通中文者一头雾水。

## 二 身份标识——亚文化群体的微观政治实践

尼森鲍姆和士弗曼在对模因网站 4chan 的研究中探讨了梗作为文化资本在网络社群中的功效，将其描述为亚文化知识（subcultural knowledge）、不稳定平衡（unstable equilibriums）和话语武器（discursive weapons）[①]。英国学者迪克·赫伯迪格（Dick Hebdige）认为反抗与矛盾在亚文化中找到了出口，它不直接挑战霸权，而是通过风格隐晦地反抗，将另类的审美视为一种拒绝，将越轨升华为一种艺术[②]。"梗"这一形式通常被亚文化群体制造和消费，用以表达对现实政治的批判和不满，其批判对象往往是忽略少数群体的主流价值。在不平等的社会形态之下，为避免主流文化的侵蚀和纠偏，抵抗行为只能以梗形式在人际交往中形成，这同样也是一种锻造自己文化主体性的实践。

弗朗西斯·海利根（Francis Heylighen）依据模因学理论指出，模因的生命周期包括同化、记忆、表达和传播[③]等具体过程。在同化阶段，宿主（人）接收并理解模因的相关内容；在记忆阶段，模因停留于宿主的大脑；在表达阶段，宿主对模因表达接受或不接受两种态度，选择性传播新生成的模因；在传播阶段新生成的模因转化为新宿主能够接收的信息，再次进入同化阶段。

---

① Asaf Nissenbaum and Limor Shifman, "Internet Memes as Contested Cultural Capital: The Case of 4chan's/b/board", *New Media & Society*, Vol.19, No.4 (2017): 483-501.

② ［英］迪克·赫伯迪格：《亚文化，风格的意义》，修丁译，广西师范大学出版社，2023，第 4 页。

③ Francis Heylighen, What Makes a Meme Successful? Selection Criteria for Cultural Evolution (Proc. 16th Int. Congress on Cybernetics, Association Internat, De Cybernetique Namur, 1998).

在数字交往的时间节点中，梗往往出现于聊天的开头和中间，比如面对尚不熟悉的交往对象，哆啦 A 梦的经典表情就能延伸出一系列子文本，从而实现线上破冰，为后续对话的展开提供润滑；而在双方交流中出现价值冲突时，梗可作为气氛调节和注意转移的工具：就算我们政治立场相左，只要你喜欢哆啦 A 梦，我们就是好朋友。这种对互联网的玫瑰色的回忆和想象还是 Web 1.0 时代的遗产，如今亚文化的政治性已经被无限的分化所消解，分众文化转而成为模因生产和消费的新背景，在这种文化下的人际交往也对交流这一形式进一步解构。

## 三　假面舞会——梗在言说我们？

在《1984》中，乔治·奥威尔（George Orwell）警告词汇量的减少会限制思想，大洋国的公民只能使用极为有限的"新话"交流，他们的语言极为贫瘠以至无法言说现实。今天，在日常数字交往中，我们往往以梗代替真正的互动。当出现分歧时，一句"这很难评"就可以遮蔽价值的交锋；面对结构性的社会问题和不公正的现象时，微观个体的情绪表达也不再是义愤，而是文本链对现实的解构。当人们受到触动想要言说自我和世界时，往往得到的对方的回复只是一个表情包或"典"，久而久之，即时可达的通信网络反倒将人禁锢在"梗"的囚笼中。梗固然可以作为微观的政治实践表达对现实的反抗，但遵循既有文本生产逻辑而制造和消费的，也同样是现存社会结构的衍生物。进一步，人们使用梗交流或许并非积极意义上的表达和建构，而是躲入安全且受认可的语言之中逃避现实，在交往中更多诉诸行为习惯而非理智和情感。

当我们将模因的政治实践置于社会和历史背景下考察，会发现这一"文化基因"也孕育着文化形态以及交往方式的变迁。学者戴锦华认为，"当我们不再拥有另类的价值取向和别样的世界与未来想象，除了身份政治（而且剔除、悬置了阶层维度）之外，我们事实上难以拥有、获取有意义的价值和思想碰撞"[①]。

打破言说的垄断性和表达权"下放"作为新媒介赋权的结果，固然为儿童的社会化进程带来新的担忧，但出自青少年群体的模因也在一定程度上打破了成年人的霸权。横亘于代际的，事实上并非知识和趣味的不同，而是对世界的认知逻辑存在根本的断裂。诚然，罗兰·巴特（Roland Barthes）的"作者已死"的欢呼将文本的阐释和再造交给了读者，同一性的大众文化变得多元，活跃的社群代替了文本成为文化的主阵地。新自由主义将一切行为都纳入消费之中，消费逻辑甚至侵入了人与人的日常交流中。在电影《花束般的恋爱》中，男女主人公因为在书籍和电影上的品位相近而认定彼此，然而时过境迁，两人因走上了不同的道路而分手，事实上"品味"的锻造不过是因为两人具有相似的文化消费水平和偏好。而在今天的人际交流中，（甚至不再需要同仇敌忾的互动过程），个人品位在对方显性的网络名片上一看便知，不会再有怦然心动的情形。

现如今，我们能够看到许多嘲讽平台调性的模因，它们将平台人格化，抽象为语录式的表达，用以抵抗平台特性对个人表达的限制。随着现实建构进程的不断中介化，平台渐渐取代现实政治的意识形态，成为反文化的抵抗对象。这一方面映射着平台已然成为人际交往的"以太"，也即基础设施，另一方面也喻示平台资本的逐利特性会嵌入到人们的日常交流中而被习焉不察。

## 第十二节　数字时代的社交性：分享还是不分享？<br>这是个问题

与以往不同，社交媒体让"随时随地分享新鲜事"成为可能——

---

① 吴琦:《多谈谈问题》,上海文艺出版社,2023,第53页。

这句标语至今仍然出现在新浪微博软件的开屏动画里。过去，"分享"行为往往局限于特定时空范围，人们需要约好时间地点，三五成群、窃窃私语。但在数字时代，人们"分享"的范围和规模似乎变得可以调控，小到一个人，大到全国乃至全球，均可以实现。同时，分享时间也变得灵活，不需要提前协商，在任何时间想分享就分享。那么，应当如何理解数字时代的"分享"呢？

## 一　情境：数字时代"分享"的爱恨交织

当下热恋中的情侣往往手机不离手，还动不动对着手机屏幕甜蜜"傻"笑。相比于以往只能用书信通信的年代，社交媒体无疑让人们的分享欲望得到了更即时的满足。而且，相比于一条一毛钱的短信，微信上的一句"早安""晚安"，几乎没有成本且暧昧十足。这正是"爱"之所在：通过彼此断续又连贯的日常分享，人与人的关系得以维系和发展。此时，分享运作为一种亲密实践，社交媒体则成为个人自我表露与关系联结的重要媒介。

不过，对社交媒体分享之"恨"也同样存在。那些秀过的恩爱，在分手后成为必须处理的"数字痕迹"——删去不舍，不删不适，于是日夜重读，好不痛苦！再如，情侣间吵架时"打"出的狠话，总是以截图或引用的形式出现在不同的传播情境中，在某些时刻它们一定会被重提，就像不断撒在伤口上的盐，终难痊愈。如此看来，让我们能随时随地快乐分享的社交媒体，有时也像一块无法摆脱的狗皮膏药，让人无奈。

如此看来，借助社交媒体得以可能的"随时随地分享新鲜事"承载着诸多甜蜜的烦恼。这似乎要求我们更深入地理解"分享"在数字时代的意涵，这也是下文的目标所在。

## 二　理论：从"社交性"到"分享"

在进入"分享"之前，我们先说明另一个与之相关的重要概念——社交性（sociability）。这一术语在学术界经常与"社会性"（sociality）混用。但不论是社交性还是社会性，均强调人与人之间的相互影响和关系联结①。也因此，在社交媒体的相关研究中，社会性/社交性指向单向或双向的连接（connections），在此用户被视作节点，社会性/社交性则指节点的联系及联系的建构过程②。

丹尼尔·米勒（Danniel Miller）及其同事提出"可调控社交"（scalable sociality）的概念，指出既往研究往往聚焦单个社交媒体平台的使用，未能意识到新媒体是作为系统或生态出现的。在此，"你可以根据特定形式的传播，选择所希望的社交规模"③。这也是本小节开头引入所描述的情况：我们会根据需求来选择或公共或私密的信息交换④。

而位于各种连接之间的"社交性"，其中心在于分享实践（sharing practices）⑤。换言之，我们总会通过内容的分享来建立、维系乃至发展关系。而可调控社交进一步的启示在于，我们会根据内容的性质，

---

① 杨玲：《社会性：网络文学评价体系的另一维度》，《天津社会科学》2021年第3期。

② Kelly Quinn and Zizi Papacharissi, "The Place Where Our Social Networks Reside: Social Media and Sociality", in Mary Beth Oliver and Arthur A. Raney, ed., *Media and Social Life* (New York: Routledge, 2014), pp. 189-208.

③ Janet Borgerson and Daniel Miller, "Scalable Sociality and 'How the World Changed Social Media': Conversation with Daniel Miller", *Consumption Markets and Culture*, Vol. 19, No. 6 (2016): 520-533.

④ Deborah Chambers, "Networked Intimacy: Algorithmic Friendship and Scalable Sociality", *European Journal of Communication*, Vol. 32, No.1 (2017): 26-36.

⑤ Petter Bae Brandtzæg, Marika Lüders and Jan Håvard Skjetne, "Too Many Facebook 'Friends'? Content Sharing and Sociability Versus the Need for Privacy in Social Network Sites", *International Journal of Human-Computer Interaction*, Vol. 26, No. 11-12 (2010): 1006-1030.

来判断在哪种社交媒体平台上进行分享。针对有些内容，我们会通过私聊的形式分享，有些则会在群聊或朋友圈中分享。当然，我们也可以选择在微博、小红书等其他平台分享与其风格和受众相适配的内容。

究竟要如何理解"分享"？尼古拉斯·约翰（Nicholas John）在一篇广为征引的文章中指出，2005 年至 2007 年是分享概念使用的分水岭。此前，"分享"往往有明确对象，比如"图片"。但在此之后，各大社交网站开始积极地"呼吁"用户分享"世界"和"生活"，这一颇为模糊的所指使分享最古老的意涵——在物理上共同拥有某物——发生了微妙改变：它不再仅仅指向一种双向的互惠活动，也指向一种单向的分发实践。简言之，分享即参与平台的信息生产，告知这个世界你在做什么[1]。

这种分发逻辑也体现在共享经济中，诸如共享单车和共享充电宝。它们往往并非"真"的分享，因为在社交媒体上的分享是免费的，而使用上述物件则需要付钱。此时，分享被视作一种经济活动[2]。用户分享的无偿与用户接受分享的有偿之间的区别，很容易让我们思考分享背后的各种力量，特别是商业公司的建构过程。

约翰表示，社交网站打着分享的旗号呼吁用户进行免费劳动，进而将数据打包卖给广告商。诸如"越多分享，社会就越好""未经同意我们不会与其他平台分享您的个人信息"等话语，其实都在试图建构一种意识形态的规范性和合法性。规范性在于，它试图表明"不分享"所带来的潜在的负面人际与社会后果，从而鼓励（或劝导）用户分享；合法性在于，借助分享背后良善意涵的根基，商业平台巧妙地掩盖了

---

① Nicholas John, "Sharing and Web 2.0: The Emergence of a Keyword", *New Media & Society*, Vol. 15, No. 2 (2013): 167-182.

② Nicholas John, "The Social Logics of Sharing", *The Communication Review*, Vol. 16, No.3 (2013): 113-131.

数据交换的盈利本质。

至此，我们已梳理了西方语境中分享概念的内涵变化及其建构过程。现在，我们有必要转回中国语境中，看看分享所承载的特殊意涵。赵珞琳和约翰指出 sharing 翻译成中文的"分享"与"共享"的区分。他们认为，"在中国社交媒体的语境下，'分享'吸引那些希望在互惠关系中进行交流，以安全、利他的方式表达自我的人。对社交网站而言，'共享'是通过'分享'实现的一种状态，其与国家促进社会和谐的目标相一致。"[1]

理解"分享""共享"，还需要置于中国人"关系性自我"的文化脉络。不同于西方对个体主义自我特性的表达，中国人对自我的理解总是嵌入复杂的社会关系[2]。毋宁说，中国人的日常实践中仍然存在着"新个体主义自我"与"社会嵌入自我"的矛盾：一边是个人，一边是国家、社会和共同体[3]。

因此可以说，"分享"对微观层面的人际和谐的强调，与"分享"在宏观层面的社会和谐的构想相互联系，共同构成理解中国社交媒体的关键逻辑[4]。具体来说，平台一方面试图吸引用户；另一方面又试图与国家话语相勾合。2013年微博"分享小快乐，传递大梦想"的口号十分形象地反映了这种关系：通过建构负责任的企业形象，平台得以成为鼓励用户分享，并最终实现社会共享目标的重要媒介。

---

[1] Luolin Zhao and Nicholas John, "The Concept of 'Sharing' in Chinese Social Media: Origins, Transformations and Implications", *Information, Communication and Society*, Vol. 25, No.3 (2022): 359-375.

[2] 阎云翔：《"为自己而活"抑或"自己的活法"：中国个体化命题本土化再思考》，《探索与争鸣》2021年第10期。

[3] Luolin Zhao and Nicholas John, "The Concept of 'Sharing' in Chinese Social Media: Origins, Transformations and Implications", *Information, Communication and Society*, Vol. 25, No.3 (2022): 359-375.

[4] Luolin Zhao and Nicholas John, "The Concept of 'Sharing' in Chinese Social Media: Origins, Transformations and Implications", *Information, Communication and Society*, Vol. 25, No.3 (2022): 359-375.

## 三 拓展：当"分享"不再流行？

不过，现在的许多用户都选择发布仅自己可见的朋友圈，或者设置仅三天可见来最大限度地"不分享"自己的"生活"和"世界"，对此，我们又可以如何理解呢？研究发现，宣泄负面情绪、维护重要社会关系，以及增强自我认同和理解，是发布私密朋友圈的主要原因[①]。而仅三天可见的朋友圈则涉及自我与他人、熟人与陌生人之间的边界调整与期待管理[②]。看来，上述有限的分享实践，仍然透露出小我与大我、新个体主义自我与社会嵌入自我的张力。

约翰在 10 年后重新审视"分享"概念时指出，自 2013 年起，各大社交网站首页凸显社交的情况越来越少[③]。约翰认为，对于平台而言，"分享"无疑不再具备 10 至 15 年前的功能。这或许是由于这种建构性话语已经广为接受，平台须寻找新的流量增长点。但毫无疑问，从理论层面思考"分享"是否还能作为理解当下社交媒体文化的关键词，依然具有价值。这亦可作为未来研究的新方向。

---

① 陈阳、张睿丽：《仅自己可见的朋友圈：社交媒体想象的互动》，《现代传播（中国传媒大学学报）》2020 年第 12 期。

② 张杰、马一琨：《从情境崩溃到情境再分离：社会－关系情境中的用户社交媒介实践——基于微信朋友圈"仅三天可见"的研究》，《国际新闻界》2022 年第 8 期。

③ Nicholas John, "Sharing and Social Media: The Decline of a Keyword?", *New Media & Society*, Vol. 26, No.4 (2022): 1891.

# 第三章　工作情景

## 第一节　微信点赞：微互动与关系理论

尽管在社交媒体上"点赞"看上去是一个十分简单的行为，但它包含了诸多复杂的社交互动形式，用户必须对此有充分的了解，才能沟通顺畅[1]。2009年2月，Facebook正式推出了点赞功能，以替代用户的情感表达和重复性陈述，例如"恭喜""棒极了"等等[2]。因此，点击点赞按钮的行为一直被认为是一种简洁、低成本和积极的数字化互动[3]。自这一功能问世以来，点赞互动就迅速演变为一种渗透在用户日常社交媒体使用中的传播现象[4]。

作为中国最流行的社交软件，利用微信维系同事关系似乎成为职场人士的必修课。随着点赞成为风靡职场的轻社交方式，小小的点击动作也引发了很多的问题与困扰。例如，面对同事对领导齐刷刷的感恩点赞，你是否有保持队形的压力？明明关系挺好的同事，对别的同事凡帖必赞，却吝啬于给你一个小小的红心？如何理解每个单位总有

---

[1] Jungselius Beata, "'She Liked the Picture so I Think She Liked it': Unpacking the Social Practice of Liking", *Netcom*, Vol.33 (2019): 23-38.

[2] Victor Luckerson, "The Rise of the Like Economy", The Ringer, February 15, 2017, available at https://www.theringer.com/2017/2/15/16038024/how-the-like-button-took-over-the-inter- net-ebe778be2459.

[3] Brian Hallingnan, "Like! Feelings and Friendship in the Age of Algorithm" (unpublished doctoral dissertation, University of Colorado at Boulder, 2019).

[4] Cheng-Huei Hong, Zifei Fay Chen and Cong Li, "'Liking' and Being 'Liked' How Are Personality Traits and Demographics Associated with Giving and Receiving 'Likes' on Facebook?", *Computers in Human Behavior*, Vol. 68 (2017): 292-299.

一两个点赞狂魔，总能第一时间给所有人点赞？不给领导或者同事点赞会给同事关系甚至职业发展带来影响吗？

## 一 点赞与微互动

目前有关点赞的研究很有限。其大体可以分为两种类型。第一种研究将点赞的行为视为结果变量，例如探究点赞行为本身的动机和来源[①]。第二种研究则将点赞视为原因变量。许多研究通过对产品或服务点赞，探索其对消费者购买意愿的影响[②]。

在第一类研究中，学者们大多从心理学角度展开分析，因此点赞在社会层面的意义并没有得到充分阐发，点赞行为是如何在社会互动中展开这一问题有待深入讨论。第二种研究则是只对点赞数量展开测量，并将其与受欢迎程度对等，这简化了点赞的意义，忽略了点赞具有不同含义的可能性。

为了摆脱上述行为功能导向研究的桎梏，学者们开始转向关注点赞的社会使用。例如，丽贝卡·海斯（Rebecca Hayes）[③]等人将点赞概念化为一种辅助语言的数字功能（paralinguistic digital affordance，PDA），并研究了这一简单的一键功能背后的多重含义。此外，他们还进一步扩展了研究范围，探索不同社交媒体平台上的点赞所带来的社会支持效果[④]。

① Marie Ozanne, Ana Cueva Navas, Anna S. Mattila and Hubert B. van Hoof, "An Investigation Into Facebook 'Liking' Behavior an Exploratory Study", *Social Media and Society*, Vol.3; No.2 (2017): 12.

② Leslie K. John, Oliver Emrich, Sunil Gupta and Michael I. Norton, "Does 'Liking' Lead to Loving? The Impact of Joining a Brand's Social Network on Marketing Outcomes", *Journal of Marketing Research,* Vol.54, No.1 (2017): 144–155.

③ Rebecca A. Hayes, Caleb T. Carr and Donghee Yvette Wohn, "One Click, Many Meanings: Interpreting Paralinguistic Digital Affordances in Social Media", *Journal of Broadcasting & Electronic Media,* Vol.60, No.1 (2016): 171–187.

④ Rebecca A. Hayes, Caleb T. Carr and Donghee Yvette Wohn, "It's the Audience: Differences in Social Support Across Social Media", *Social Media and Society*, Vol.2, No.4 (2016).

艾琳·萨姆纳（Erin Sumner）等学者[1]将点赞功能视为一种社会线索，并强调点赞在社会互动层面发挥的作用。本小节强调点赞行为对动态人际关系建构的微妙影响，回应并深化了这一学术研究线索。因此，本节认为点赞这类的数字化行为是一种微互动，追溯点赞在复杂社会互动中的含义及其使用模式，特别关注了由点赞或点赞缺席引发的人际关系的歧义、协商甚至矛盾。

## 二 关系、数字化与职场情景

究其字面意义，"关系"（guanxi）可以被译为"人际关联"（personal connection）或"联系"（relationship），但"关系"一词深植于中国本土文化，其内涵涉及个人信任、道德义务和情感等等，因此比英文直译要丰富得多[2]。边燕杰（Yanjie Bian）将关系定义为"一种二元的、特殊的、感性的纽带，有可能促进由这种纽带联系起来的各方之间的利益交换"[3]。在中国，基于"关系"的关联有两种类型：表达性关系和工具性关系[4]。表达性关系出现在永久性的、相对稳定的基本群组中，工具性关系则通常是暂时性和不稳定的。关系在职场中的工具性作用越来越明显，这就是大量研究关注职场关系作用的原因[5]。

[1] Erin M. Sumner, Luisa Ruge-Jones and David S. Alcorn, "A Functional Approach to the Facebook Like Button: An Exploration of Meaning, Interpersonal Functionality, and Potential Alternative Response Buttons", *New Media & Society,* Vol.20, No.4 (2018): 1451–1469.

[2] Yunxiang Yan, "The Culture of Guanxi in a North China Village", *The China Journal,* Vol.35, (1996): 1–25.

[3] Yanjie Bian, "Guanxi", in Jens Beckert and Milan Zafirovski, eds. *International Encyclopedia of Economic Sociology* (New York: Routledge, 2006), pp.312–314.

[4] Jack Barbalet, "Guanxi, Tie Strength, and Network Attributes", *American Behavioral Scientist,* Vol.59, No.8 (2015): 1038–1050.

[5] Chao C. Chen, Xiao-ping Chen, and Shengsheng Huang, "Chinese Guanxi: An Integrative Review and New Directions for Future Research", *Management and Organization Review,* Vol.9, No.1 (2013): 167–207.

然而，有关社交媒体中关系的形成和动态联系的研究付之阙如[1]。

在线社交网络正在成为发展和维系关系的重要平台，这也为数字空间的职场互动带来挑战。例如，在工作中能否与同事在社交媒体上分享个人话题，是否应该在下班后与同事展开社交媒体互动等等。换言之，一旦人们的交流跨越了真实世界与互联网的界限，他们就必须协调发展出一套新的数字化关系的脚本。

微信已经成为中国民众开始、发展、维护和终结各种社会关系的超级平台。添加刚刚认识的陌生人的微信，已经成为一种建立规范化关系、积累更广泛关系，以及拓展人际网络的基本方式[2]。此外，由于微信是一个具有独特社会背景和功能特性的场景，一些新的研究问题也随之产生。

首先，关于微信的使用强迫性（applied compulsivity）。众所周知，在微信联系人中添加同事为好友是一种常见行为，这类似于以往的名片交换；而不接受同事的好友请求在很大程度上被视为不礼貌的行为，甚至是不尊重他人的做法。其次，在中国，几乎所有的社交互动都集中在微信上，包括家人、同事、朋友，甚至是刚刚认识的陌生人都不例外。因此，这种关系类型的杂糅，引发了关系管理的困难。例如，微信朋友圈中两个好友之间的点赞互动可能被他们的共同好友看到，这意味着两者之间的互动可能会暴露给许多其他参与者。田晓丽和丹尼尔·曼奇克（Daniel Menchik）使用"N元传播"（N-adic）这一概念来分析这些一对多的互动，并强调这种新的沟通结构所带来

---

[1] Xiaoli Tian, "An Interactional Space of Permanent Observability: WeChat and Reinforcing the Power Hierarchy in Chinese Workplaces", *Sociological Forum*, Vol.30, No.1 (2020): 51–69.

[2] Cuihua Shen and He Gong, "Personal Ties, Group Ties and Latent Ties: Connecting Network Size to Diversity and Trust in the Mobile Social Network WeChat", *Asian Journal of Communication*, Vol.29, No.1 (2018): 18–34.

的挑战[①]。另外，由于微信在人们生活中的中心地位，职场工作得以更广泛地侵入了人们的私人生活，这深深地困扰着一部分职业群体。尽管社交媒体对工作与生活界限的模糊并不罕见，然而私人微信使用正"无远弗届"地蔓延在公共职场这一现象却是前所未有的。

在此背景下，使用微信的员工面临着更加复杂的在线互动环境。例如，员工是否感受到为上级点赞的压力？如果每个人都给某条朋友圈点赞，忽视这条朋友圈是否不合时宜？抑或说，大家是否有权忽略它？拒绝为朋友圈点赞，是否会对其职业关系和职业发展产生影响？所有这些问题都将点赞视为社交媒体中一项潜在的"有风险"的功能。

### 三　透过关系看点赞：微互动的再检阅

#### （一）同事的点赞意味什么：难以言说的含蓄

有人将点赞视为一种类似熟人见面点头或者相互客套的寒暄应酬，这种行为一般被认为没有什么实质性的信息内容，主要用以维系或者加强特定的社会关系。在中国的工作场合中，点赞恰恰具有非常丰富的含义，远远超越了其表面上象征的喜欢、赞同、认可等意思，点赞成为需要点赞者和被点赞者在特定的关系和情景中不断"编码—解码"的复杂过程。正如一位职场人士所说，"一些赞是你们两人之间的心领神会，另一些是意味深长的，还有一些是正话反说。这就像一个眼神，好像说了千言万语，又好像什么都没说，需要你自己去体会"。

由于点赞具有这种没有明确信息的模糊性特点，点赞者的意图和被点赞者的感受不尽相同。正如有职场人士认为："（点赞）可以什么都

---

① Xiaoli Tian and Daniel A. Menchik, "On Violating One's Own Privacy: N-adic Utterances and Inadvertent Disclosures in Online Venues," in Laura Robinson, Jeremy Schulz, Shelia R. Cotten, ed., *Communication and Information Technologies Annual, Volume 11: Studies in Media and Communications* (Emerald Group Publishing Limited, Leeds, 2016), pp. 3-30.

是，也可以什么都不是。"既然点赞的意涵这么模糊，到底如何去理解来自同事的赞呢？这如同一串福尔摩斯密码，当对方发送一个有特点的符号，双方需要了解具体的密码本，才能更准确地破解对方想要传达的信息。我们发现，并不存在一个万能、通用的密码本，双方对于点赞的解读高度依赖于两者在点赞时间段的人际关系以及所处的情景。

小张将点赞看作是同事关系的数字化维系，每天早上起来第一件事就是给所有人都点个赞。在他看来，点赞就是类似打招呼的示好，是一种礼仪性社交。李女士则惜赞如金，她说自己一般不轻易给同事点赞，除非是很认同这个人分享的特定内容。李秘书的点赞则更加具有实用的功能性，她说自己经常在截止日期前频繁点赞同事的帖子，以此提醒同事合作任务，"我不想直接催促他完成他那部分的任务，所以我用这种方法给他提示来完成他的工作。我想他能理解我在做什么，因为除了这项任务，当时我们并没有其他互动的理由"。

（二）点赞意想不到的结果：第三者效应

小张是西北某省的一个普通公务员，他以自嘲的口吻说，"虽然我都快四十岁了，但最近很纠结点赞这个事情。可能是我太矫情了，但是我想和我有相同感受的人不在少数。"困扰小张的是他的办公室同事，这个同事对其他同事的朋友圈都是秒赞，但是从来不给小张的朋友圈点赞。虽然日常见面都是礼貌地打招呼，但小张认为缺乏在网络空间的互动——点赞——让他认为自己被忽视甚至被排斥。

如果说小张的失落来自点赞的缺失，那么小李的困扰则来自她认为的"不必要的点赞"。作为上海外企的一个白领，小李说平时办公都是通过企业内部的社交软件，但是私下同事们也会相互添加微信，"因为很方便联系"。作为公司市场部的员工，她和自己的部门经理以及产品部门的经理成了微信好友，后者则经常给自己的微信朋友圈点赞。"你知道，到处都有办公室政治。"小李无奈地说："我们部门的经理和产品部经理很不对付。我其实和产品部经理没有太多私交，但她总是给我点赞，我很担心我的经理看到很不爽，会觉得我们俩关系很好。"

小张和小李的担心并非少数，很多人都会为这样的事情烦恼。由于并非给所有人或者所有的信息都点赞，那么给什么人点、不给谁点，就成为职场人士的必修数字课程。大部分人都坦言会经常给领导点赞，"在中国职场，很多事情都是老板说了算，你肯定得多拍马屁多点赞"。工作中一个领导（而不是制度）的权力越大，通过点赞来"讨好"或者"效忠"他（她）的人越多。但正如上文小李遇到的问题，特别是一些访谈者表达当她们得知某些领导之间存在矛盾，"在一个群里，给这个领导点赞，还是给那个领导点赞，就变得很微妙，有的时候不想站队，或者（拍马屁）显得那么明显，就很为难"。

与此同时，给同级同事之间的点赞也面临类似的问题，差异化的点赞行为往往会被解读为彼此关系的亲疏远近，带来类似上文提到的小张的困惑。职场人士围绕点赞形成的这些困惑，一定程度上和微信点赞特定的传播规则相关。一方面，不同于现实中人们言语互动的转瞬即逝，微信上的互动——如果不是被刻意删除——往往具有持久保留的特征，这意味着可以被其他人看到，甚至是被追溯和进行跨时间的比较。另一方面，不同于传统的私人电话或者办公室互动，在现实情景中，我们很清楚与谁互动或谁在场，相关行为以及其影响得以被限制在一定的时空情景中。

微信点赞是一种"N元传播"的新形态，N代表着未知或者无限次，你不知道给别人点赞会被微信中的哪位好友看到以及产生哪些意想不到的效果。当微信点赞的这种特点嵌入职场中，职场人士会搭建基于点赞的关系网络，甚至点赞会成为理解和推测同事关系的重要线索。正如上文提到的小张和小李，他们的困惑都来自"点赞者—被点赞者"二元之外的第三者效应。

**（三）点赞的策略：你形成了自己的点赞风格吗？**

尽管大部分人都会说自己的点赞是随意的，但真是这样吗？本节破解了这种所谓"随意"潜意识背后的微观机制，即大部分人都会根据与被点赞人的关系、点赞的内容以及特点情景这三个因素发展出特定的点赞策略。

在点赞对象方面，最常被提及的是领导、和自己有工作合作的同事，以及私人关系比较好的同事这三类。在点赞内容上，一方面为了表示对单位的认可以及对工作的关注，相当一部分被访者都说他们会给与自己公司或者工作相关的内容点赞，特别是相关的正面报道；另一方面，对于领导或者同事转发的某些重要的私人事件，例如结婚生子、生日或者人生成就，为了显示自己的人情味或者满足对方的期待，他们也不得不点赞，正如一位员工说的，"不想被人说是冷血动物"。在点赞情景中，某段时间有共同的工作经历或者有互动交集都会成为点赞的原因。在这种情况下，点赞往往会成为共享特定情景的两人之间心照不宣的默契，因此也会成为拉近两人关系的纽带。

在职场社交的摸索中，很多人逐渐形成了自己的点赞风格。例如有人发展出凡帖必点的策略，不管是同事发什么内容，都会在第一时间送出自己的点赞，他们将点赞视为工作的一部分。还有一些人则为了避免一些点赞带来的麻烦，采取了阶段性或者永久性的不点赞策略，正如有人说的，"干脆给谁都不点赞，这个世界也清净了"。

大部分人则处于两者之间，他们还是会审时度势，根据不同的对象、内容或者情景进行选择性的点赞。有研究者将那种不愿意参与这种点赞互动，但是又得不委身其中的人称为"愤世嫉俗的表演者"。例如领导在微信群中转发某位同事的业绩，在群体压力之下，你不得不点赞。

不仅如此，不管采取哪种策略，更加重要的是每个人要形成自己相对稳定的点赞风格。一个点赞狂魔忽然在某段时间消失了，一个从来不给别人点赞的人忽然疯狂地给某个同事竖大拇指打 call，过去只会在你转发工作相关内容才点赞的同事忽然给你所有的朋友圈点赞，这些行为都会让人产生困扰。

正如网络流行词"稳住人设",点赞也是如此。我们在办公室的人际交往中,往往会对某人的性格或者行为建立比较稳定的认知,这也是大家进行长期互动的基础。在很多情况下,最让人难以理解的并不是某人做出特别出格的事情,而是他/她做出一件我们基于对其长期的认识而无法解释的事情。

## 第二节 暂时关闭朋友圈:驯化与再驯化理论

微信已经成为中国人日常生活的数字基础设施,但越来越多的人抱怨微信带来的各种麻烦,应运而生的是对微信使用新的应对方式,例如分组、屏蔽、暂时性关闭或者调整朋友圈的发言等。2017 年,腾讯发布了一项社会实验,将每日使用微信的时长限制在 30 分钟以内,以调查社交媒体对日常生活的影响。值得注意的是,朋友圈通常是用户在微信中第一个选择关闭的功能。实验报告总结,原因之一与产品本身有关。用户认为朋友圈是引发煽动性意见的温床,是一种低效的沟通工具,或者是信息过载的来源。另一个原因与用户有关。当经历较大的生活变化(如工作变化、婚姻或疾病)时,人们会不断调整朋友圈的使用来适应这些生活变化。

### 一 驯化理论

驯化方法最初关注媒体在家庭语境中的使用。罗杰·西尔弗斯通(Roger Silverstone)等人[1]确定了描述和分析这个过程的四个方面:征用(appropriation)、客观化(objectification)、吸纳(incorporation)

---

[1] Roger Silverstone, Eric Hirsch and David Morley, "Information and Communication Technologies and the Moral Economy of the Household" in Roger Silverstone and Eric Hirsch eds., *Consuming Technologies* (London/New York: Routledge, 1992), pp.15-31.

和转化（tonservasion）。征用是指最初对媒体的获得（acquisition）。客观化指在家庭中技术在物理空间及象征意义上的定位。吸纳解释了人们日常对技术使用的时间顺序。最后，转化解释了技术如何成为我们身份的一部分，以及我们如何将这些技术呈现给他人。

正如莱斯利·哈登（Leslie Haddon）[1]提醒我们的，挪威的科学技术研究将驯化方法扩展到不同的社会语境，对该理论进行了发展[2]。相应地，我们的研究不仅包括对人们如何以及为何再驯化朋友圈的微观社会学分析，也将这个过程整合到包括社会结构和制度的动态社会关系中。

与表现为某种技术决定论的媒介效果路径不同，驯化框架包含三个特征：（a）它特别强调用户在日常媒介消费中的能动性[3]；（b）它突出了该过程发生的复杂而微妙的语境[4]；（c）驯化是一个持续变化的过程，没有终点，处于不断变化的辩证法中[5]。正是由于这些独特而富有启发的理论见解，驯化理论在媒介与传播研究领域逐渐流行起来，并被应用于研究各种媒介技术。虽然微信已经成为一个新兴的研究对象[6][7]，但目前还没有研究使用驯化理论来探讨这个广受欢迎的平台。

① Leslie Haddon, "Roger Silverstone's Legacies: Domestication", *New Media & Society*, Vol.9, No.1 (2007): 25-32.

② Merete Lie and Knut H. Sørensen, eds., *Making Technology Our Own?: Domesticating Technology into Everyday Life* (2nd ed.; Oslo: Scandinavian University Press, 1996).

③ Troels F. Bertel, Rich Ling and Gette Stald, Mobile Communication in the Age of Smartphones: Process of Domestication and Re-Domestication (PhD thesis, University of Copenhagen, 2013), available at https://pure.itu.dk/ws/portalfiles/portal/74628718/.

④ Leslie Haddon, "Domestication Analysis, Objects of Study, and the Centrality of Technologies in Everyday Life", *Canadian Journal of Communication*, Vol.36, No.2 (2011): 311.

⑤ Roger Silverstone, "Domesticating Domestication: Reflections on the Life of a Concept," in M. H. T. Berker, Y. Punie, and K. Ward, eds., *Domestication of Media and Technology* (Maidenhead, UK: Open University Press, 2006), pp.35-45.

⑥ Harwit Eric, "WeChat: Social and Political Development of China's Dominant Messaging App", *Chinese Journal of Communication*, Vol.10, No.3 (2017): 312-327.

⑦ Che-hui Lien and Yang Cao, "Examining WeChat Users' Motivations, Trust, Attitudes, and Positive Word-Of-Mouth: Evidence from China", *Computers in Human Behavior*, No. 41 (2014): 104-111.

## 二 再驯化理论的提出

尽管已有大量关于驯化方法的文献，但仍有一个方面未得到充分探讨：虽然连续、无尽、重复是驯化过程的特征之一，但大多数研究都集中在媒介或技术的初始驯化阶段。"再驯化理论"的提出是为了强调社交媒体的持续使用、放弃使用和重新使用，并将其与首次使用区分开来。我们据此提出以下理论问题：人们为何以及如何进入第二轮，甚至是随后多轮的驯化？原来的假设、概念和框架是否仍然有效？与最初对驯化的认识相比，新一轮的驯化是否会产生新的认识？

这些问题不仅具有理论意义，而且也变得愈加迫切，因为变化已成为常态，再驯化已成为普遍的现象。首先，随着媒介生态的变化和市场竞争的加剧，人们不得不应对常常重叠的功能以及频繁更新的版本。新的可供性/特性/功能对人们来说可能是需要面临的新挑战。因此，人们对特定媒体平台的重视程度会发生改变。第二，对驯化媒体的人们来说，驯化过程会涉及不同种类的变化，从而导致再驯化。例如，不同代际的人有不同的驯化模式[1]。对处于不同人生阶段的不同个体来说，同样的技术品在引入他们的新生活时必然会有所调整和变化，甚至会被解除驯化[2]。第三，从关系角度看，驯化理论强调与技术使用紧密相关的社会关系。因此，即使社交媒体和用户是稳定的，随着社会关系或与媒体互动方式的变化，人们也会重新思考社交媒体在日常生活中的作用。脸书（Facebook）就是一个很好的例子：越来越多的

---

[1] Matassi Mora, Pablo J. Boczkowski and Eugenia Mitchelstein, "Domesticating WhatsApp: Family, Friends, Work, and Study in Everyday Communication", *New Media & Society*, Vol.21, No.10 (2019): 2183-2200.

[2] Marie Cathrine Hebrok, Developing a Framework of Dis-Domestication: The Dis-Domestication of Furniture in Norwegian Households (Master's Thesis, University of Oslo, 2010), available at https://www.duo.uio.no/bitstream/handle/10852/17669/100929xMasteroppgave.pdf?sequence=1.

青少年不再使用脸书，因为他们的父母和其他年长用户占据了这个平台，让它变得不再时髦。

虽然再驯化在理论和实践中变得越来越重要，但很少有研究者关注这个话题。少有的一些研究值得我们注意：克努特·苏连逊（Knut Sørensen）[1]强调驯化过程具有潜在的冲突性和动态性，认为"在实际使用过程中体现的'休战'状态可能会被打破，人们的需求可能会改变，相关的外在象征符码可能会改变，或者卷入的人可能会改变"。这些论点在其他研究中被重复和发展[2][3]。在使用这些概念和框架的实证研究中，玛丽·凯瑟琳·赫布罗克（Marie Cathrine Hebrok）[4]考察了挪威家庭中家具处置的解除驯化过程，认为生活阶段的改变是影响人工制品解除驯化的主要因素。伯特·特罗尔斯（Bertel Troels）和里奇·林恩（Rich Ling）[5]考查了短信服务（SMS）在当今逐步发展的媒体环境中不断变化的中心性。他们认为，无论在符号方面还是在功能方面，短信服务都在经历着再驯化的过程。然而，目前还没有关注再驯化理论的修正与发展的实证研究。

鉴于以上原因，我们在整体上将微信（特别是朋友圈）与上述文献联系起来，利用传统的驯化框架来考察朋友圈在中国语境下的再驯化过程，从而推进关于再驯化的理论探讨。

---

① Knut Sørensen, "Technology in Use: Two Essays on the Domestication of Artifacts", paper presented at *the Centre for Technology and Society Working Paper Series*, no. 2/94, Trondheim, Norway, 1994.

② Nicholas Green and Leslie Haddon, *Mobile Communications: An Introduction to New Media* (Bloomsbury Publishing, 2009).

③ Merete Lie and Knut H. Sørensen, eds., *Making Technology Our Own?: Domesticating Technology into Everyday Life* (2nd ed.; Oslo: Scandinavian University Press, 1996).

④ Marie Cuthrine Hebrok, Developing a Framework of Dis-Domestication: The Dis-Domestication of Furniture in Norwegian Households (Master's Thesis, University of Oslo, 2010), available at https://www.duo.uio.no/bitstream/handle/10852/17669/100929xMasteropp gave.pdf?sequence=1.

⑤ Bertel Troels and Rich Ling, "'It's Just Not That Exciting Anymore': The Changing Centrality of SMS in the Everyday Lives of Young Danes", *New Media & Society* Vol.18, No.7 (2016): 1293–1309.

## 三 再驯化视角下的朋友圈管理

征用（appropriation）捕捉了人们在获取技术时考虑的各种因素，即将新的信息通信技术融入人们的生活。参考"征用"最初的界定，"重新征用"指信息通信技术在日常生活中的重新整合，描述了确认新的媒体/技术消费模式的过程。本节接下来首先讨论重新征用主要动机的三个维度，即个人、社会和机构（institution）。本节紧接着展示了随后的几轮驯化是由不同的语境触发的，但都以一种新的附条件使用模式（a new pattern of conditional use）结束。这表明了人们对抗日常生活和微信相互作用所造成的干扰性的自我赋权和个体能动性。

首先，从个人使用的角度看，微信和朋友圈的扰乱性导致了所谓的移动设备"隐形习惯性使用"的生理体验，造成了时间的浪费和效率的低下。有些人将结构化使用微信和朋友圈的感觉描述为"被它绑架和控制"，还有人抗议称"它具有干扰性和压迫性"。有人解释了这种生理习惯："每天早上醒来，我做的第一件事就是拿起手机，查看微信上工作组发来的消息，然后刷朋友圈，给我朋友和同事们的帖子点赞。每天晚上睡觉前，我也做同样的事。"

其次，从社会逻辑的角度看，这种干扰性可以被总结为边界管理的矛盾心理[1]。在移动通信时代，用户可以实时跨越不同的网络，强联系和弱联系也共存于同一个虚拟社交空间并均可访问[2]。然而，人们在调节自我表露程度的做法方面，以及在特定社会语境中扮演特定社会角色的原则方面，都很难达成共识，从而导致"语境塌陷"，和不同

---

[1] Sandra Petronio, "Communication Privacy Management Theory: Understanding Families," in *Engaging Theories in Family Communication* (New York: Routledge, 2017), 87-97.

[2] Danah Boyd and Nicole B. Ellison, "Social Network Sites: Definition, History, and Scholarship", *Journal of Computer-Mediated Communication*, Vol.13, No.1 (2007): 210-30.

边界的相互渗透①。有人说道："在朋友圈更新动态甚至在别人的帖子上留言都是有风险的。比如，我在微信上偶然发现我的一个朋友也是我老板的朋友。就在那时，我意识到我不应该在朋友圈抱怨我的工作。"

因此，在朋友圈中创造并尊重自己定义的界限并不容易，因为工作和家庭之间的界限、亲密的社会关系和工作关系之间的界限是混合和交叉的。也就是说，用户对开启和结束这些社会角色负有责任，这会让人产生压力和紧张。

再次，嵌入微信的技术可供性与逐渐根深蒂固的快速响应、即时参与和密集互动的组织需求相一致②。因此，我们可以从机构逻辑的角度描述微信的干扰性，许多人表示，持续的联系已经成为一种无形的社会规范，员工被期望能够在微信上即时应答。那么微信作为"工作的默认应用"，它规定了一种做事的方式，每当人们"遵循规定行事"时都会重复它③。

上述情况导致了一种新的"野生"状态，这种状态必须通过再驯化来控制。当人们对他们的使用和参与模式做出情境性和条件性的改变时，再驯化就开始了。正如有人所解释的那样，在特定的情境下，她会将微信"重新整合"进她的生活中，比如在备战期末考试和从事重大工作项目时，她首先会通过关闭朋友圈来提高工作效率，然后在任务完成后再恢复微信使用。（也有用户表示）他们在经历了不同的情境后就开始了再驯化的过程，比如享受一个不受打扰的假期、与所爱之人共度时光、休息或冥想之后。

---

① Alice E. Marwick, and Danah Boyd, "I Tweet Honestly, I Tweet Passionately: Twitter Users, Context Collapse, and the Imagined Audience", *New Media & Society*, Vol.13, No.1 (2011): 114-133.

② MacCormick Judith, Kristine Dery and Darl Kolb, "Engaged or Just Connected? Smartphones and Employee Engagement", *Organizational Dynamics* Vol.41, No.3 (2012): 194-201.

③ Mariek Vanden Abeele, Ralf De Wolf and Rich Ling, "Mobile Media and Social Space: How Anytime, Anyplace Connectivity Structures Everyday Life", *Media and Communication*, Vol.6, No.2 (2018): 5-14.

虽然引发再驯化的情境因人而异，但用户，是这些经历导致他们反思以前的媒体使用模式。例如，有人说，他会"思考朋友圈如何影响我的生活……使生活更好或更糟……以及朋友圈应该扮演何种角色"。因此，再驯化的发生，始于人们开始追问媒体/技术在日常生活中的重要性，去了解某些技术的中心性并思考如何减弱它们的重要性，从而在微观层面的社会技术角度激发人们的能动性和自我赋权。

## 第三节　数字断连：反思连接与工作

### 一　"数字连接"的负担

"连接"本来是触达远方的通道，现在却可能成为一种负担。小黄是一名地方公务员，最近在为领导下班后的信息轰炸所烦恼："一般来说，因为有保密规定，我们的工作需要在办公室完成。最近新来一个领导，总是会在下班后随手布置工作任务。每次下班后收到工作信息我都会很烦躁，但出于维护与领导的关系又不得不及时回复。一段时间以来我的生活总是会被工作信息打断，有时真恨不得'屏蔽'领导。"除了微信信息，小黄还需要在工作群里对领导转发的公众号文章进行发言，"我们小组还有一个工作群，平常领导会转发一些公众号文章，其他同事就会在群里评论、互动。我对那些文章没有兴趣，但其他同事都参与，就我一句话不说，也怕让领导觉得自己不合群、不尊重人。"为了维护职场关系，小黄选择对下班后的持续连接做出妥协。而新入职某大型互联网公司的小陈则采取了更为激烈的抵抗策略，"下班后是我的私人时间，我没有义务回复工作信息"。小陈有两个微信号，一个上班用，一个下班用。在满足工作时间、工作任务要求后，小陈更多地将时间放在陪伴家人和学习技能上。但这样的试验并没有带来一个圆满的结果："试用期结束，领导以工作态度不积极、不符合公司要求为由，把我辞退了。"

以上案例反映出连接型社会与数字断连之间的紧张关系。数字连接技术模糊了工作与生活的边界，造成对劳动者日常生活的随意侵占。传统权力关系在数字连接时代实现了转型与强化。以往的研究从两方面探讨了数字连接对工作的影响：一方面，相关文献调查了通信技术使用对员工工作效率与福祉的影响[①]，其中特别关注到非工作时间的通信技术使用所造成的工作与生活的潜在冲突[②]及其影响机制[③]；另一方面，研究者探究了数字连接技术对工作领域本身的影响[④]，包括工作场所、工作方式与工作流程的重塑与数字化办公[⑤]。当前研究主要以组织

① Bin Wang, Yukun Liu and Sharon K. Parker, "How Does the Use of Information Communication Technology Affect Individuals? A Work Design Perspective", *Academy of Management Annals*, Vol.14, No.2 (2020): 695-725. Noelle Chesley, "Technology Use and Employee Assessments of Work Effectiveness, Workload, and Pace of Life", *Information, Communication & Society*, Vol.13, No.4 (2010): 485-514. Kathryn L. Fonner and Michael E. Roloff, "Testing the Connectivity Paradox: Linking Teleworkers' Communication Media Use to Social Presence, Stress From Interruptions, and Organizational Identification", *Communication Monographs*, Vol.79, No.2 (2012): 205-231.

② Wendy R. Boswell and Julie B. Olson-Buchanan, "The Use of Communication Technologies After Hours: The Role of Work Attitudes and Work-Life Conflict", *Journal of Management*, Vol.33, No.4 (2007): 592-610. Daantje Derks, et al., "Work-Related Smartphone Use, Work-Family Conflict and Family Role Performance: The Role of Segmentation Preference", *Human Relations*, Vol.69, No.5 (2016): 1045-1068. Ismael Diaz, et al., "Communication Technology: Pros and Cons of Constant Connection to Work", *Journal of Vocational Behavior*, Vol.80, No.2 (2012): 500-508.

③ Marcus M. Butts, William J. Becker and Wendy R. BoswellButts, "Hot Buttons and Time Sinks: The Effects of Electronic Communication During Nonwork Time on Emotions and Work-Nonwork Conflict", *Academy of Management Journal*, Vol.58, No.3 (2014): 763-788.

④ Wanda J. Orlikowski and Susan V. Scott, "10 Sociomateriality: Challenging the Separation of Technology, Work and Organization", *Academy of Management Annals*, Vol.2, No.1 (2008): 433-474. Henri Schildt, *The Data Imperative: How Digitalization Is Reshaping Management, Organizing, and Work* (New York: Oxford University Press, 2020).

⑤ Amy Colbert, Nick Yee and Gerard George, "The Digital Workforce and the Workplace of the Future", *Academy of Management Journal*, Vol.59, No.3 (2016): 731-739. Sven Dittes, et al., "Toward the Workplace of the Future: How Organizations Can Facilitate Digital Work", *Business Horizons*, Vol.62, No.5 (2019): 649-661. Kristine Dery, Ina M. Sebastian and Nick van der Meulen, "The Digital Workplace Is Key to Digital Innovation", *Mis Quarterly Executive*, Vol.16, No.2 (2017): 135-152.

管理视角考察数字连接技术下的工作转型，缺乏对劳动者数字连接环境下的工作与生活体验的探究。现实中普遍存在的断连需求，迫使我们关注以下问题：数字连接技术如何嵌入到劳动者的日常工作中？其在反映和调试传统职场权力关系中发挥了怎样的作用？又对劳动者自身的生活实践产生了怎样的影响？

数字断连研究从个体的断连实践出发，关注个体在数字连接实践中的体验，有助于补充以往研究中所缺失的劳动者视角。本节通过回顾数字断连的相关研究，为观察数字时代的连接与工作，以及更为复杂的权力关系互动提供新视角。

## 二 数字断连：反思连接性文化

数字断连（digital disconnect），可以简单地理解为一种媒介实践，即切断与信息通信技术或在此基础上形成的数字产品（如平台、设备、应用等）的连接。这一实践既可以是主动的，如个体出于反连接目的自愿切断与数字技术或数字产品的连接；也可能是被动的，如因经济社会发展水平、数字基础设施建设水平、个体经济水平以及年龄等客观因素而被动隔离在数字技术或数字产品之外。当前，数字断连研究多以反思数字连接性为重点，关注个体反连接实践，而被动断连的研究多置于数字鸿沟、数字排斥、数字不平等等研究议题之下。本节主要概述与个体反连接实践相关的研究成果。

目前，关于数字断连的研究散见于多种退出网络或社交媒体的主题词研究当中，如非技术使用者（non-use）、数字自杀（digital suicide）、媒体拒绝（media refuse）、数字排毒（digital detox）、断连（disconnect）等。数字断连研究大致经历了发现技术拒绝者、逃离社交媒体与反思连接性文化三个研究阶段。

早在 20 世纪 90 年代末，关于"非技术使用者"（non-user）的讨论便关注到了数字断连的现象。彼时互联网发展方兴未艾，技术乐观主义思潮占据上风，研究者在信息通信技术普及的背景下，开展了一系列对非技术使用者的调查。早期研究将数字断连视为被动的、异常的、需要解决的问题①。数字断连通常被认为与较低的收入水平、较低的教育程度、较高的年龄、简单的家庭结构等客观因素相关②。同时，研究者将非技术使用者视为"潜在使用者"，坚持使用与不使用的二元划分③。

"技术拒绝者"概念的提出打破了对非技术使用者被动隔离的思维定式，将更为多元的技术使用实践引入到数字断连研究中。相关研究者以自愿与非自愿、过去使用与从未使用两项指标划分出非技术使用者的四种类型，即抵制者、拒绝者、被排斥者、被驱逐者④。"拒绝者"的提出特别关注到曾经使用互联网而后主动退出使用的人群，凸显出在数字断连实践中个体的主观能动性。还有研究者进一步细分非技术使用者的六种类型⑤，其中失去兴趣（disenchantment）、他人代理

---

① Neil Selwyn, "Apart From Technology: Understanding People's Non-Use of Information and Communication Technologies in Everyday Life", *Technology in Society*, Vol.25, No.1 (2003): 99-116.

② Erik P. Bucy, "Social Access to the Internet", *Harvard International Journal of Press/Politics*, Vol.5, No.1 (2000): 50-61. Neil Selwyn, et al., "Older Adults' Use of Information and Communications Technology in Everyday Life", *Ageing & Society*, Vol.23, No.5 (2003): 561-582. Neil Selwyn, "The Information Aged: A Qualitative Study of Older Adults' Use of Information and Communications Technology", *Journal of Aging Studies*, Vol.18, No.4 (2004): 369-384.

③ Neil Selwyn, "Apart From Technology: Understanding People's Non-Use of Information and Communication Technologies in Everyday Life", *Technology in Society*, Vol.25, No.1 (2003): 99-116.

④ Sally M. Wyatt, Graham Thomas and Tiziana Terranova, "They Came, They Surfed, They Went Back to the Beach: Conceptualizing", in Steve, Woolgar, ed., *Virtual Society* (New York: Oxford University Press, 2002), p.36.

⑤ Christine Satchell and Paul Dourish, "Beyond the User: Use and Non-Use in Hci" (Paper Presented at the 21st Annual Conference of the Australian Computer-Human Interaction Special Interest Group, Canberra, November, 2009), pp.9-16.

（displacement）和不感兴趣的类别强化了对个体断网的主动性、策略性的认识。

进入 21 世纪第一个十年，社交媒体蓬勃发展。2012 年，全球社交媒体用户数量超过 14 亿人[①]，全球最大的社交媒体平台脸书（Facebook）月活跃用户数量突破 10 亿人[②]。社交媒体的广泛应用使得技术使用实践更为复杂。2005 年开始，有关"数字自杀"（digital suicide）的网络实践开始兴起，实践者通过行为艺术的方式，呼吁用户删除社交网站账号，实现自我解放。2009 年，数字自杀服务 Seppukoo.com 和 Web 2.0 Suicidemachine 的创建引起了一波离开社交网络的展演热潮[③]。社交网络的退出实践反映了复杂的连接与反连接博弈。劳拉·波特伍德·斯塔塞尔（Laura Portwood-Stacer）首先对这一公开实践进行了批判，指出"数字自杀"是消费文化背景下的一种表演性的反抗，其通过显眼的不消费展示、引用具有品位和与众不同的内涵，将媒体拒绝作为一种精英主义的表现[④]。这位研究者批判了当前新自由主义消费文化对媒体实践的裹挟。其他研究者也开始探索用户退出社交媒体的动机和策略。概括来说，数字断连的动机主要包括过度使用、成瘾与降低工作效率，隐私、数字监控与印象管理压力，信息过载、无趣与浪费时间、社会、职业与机构等外部压力

① Search Engine Watch, "Worldwide Social Media Usage Trends in 2012", available from: https://www.searchenginewatch.com/2012/12/26/worldwide-social-media-usage-trends-in-2012/ (Accessed: January 12, 2024).

② Globaldata, "Number of Monthly Active Facebook Users: Global (Q4 2009-Q1 2022)", available from: https://www.globaldata.com/data-insights/technology--media-and-telecom/number-of-monthly-active-facebook-users-global (Accessed: January 12, 2024).

③ Tero Karppi, "Digital Suicide and the Biopolitics of Leaving Facebook", *Transformations*, Vol.20 (2011): 1-28.

④ Laura Portwood-Stacer, "Media Refusal and Conspicuous Non-Consumption: The Performative and Political Dimensions of Facebook Abstention", *New Media & Society*, Vol.15, No.7 (2013): 1041-1057.

等①，人们希望以断连增加数字福祉②。人们的数字断连实践往往也是复杂的、多样的、情景化的。用户在数字断连实践中发展了一系列断连策略，包括退网、离开、暂离、限制使用等③，断连实践通常具体到不同媒介、时间、地点以及目的，并辅助技术手段与效率工具实现断连④。

鉴于对社交媒体是否有助于数字福祉的相互矛盾的观点，研究者认为社交媒体对特定个体的影响取决于个体的具体使用方式⑤。而"永久在线、永久连接"⑥的社会形态在现实中引发的矛盾越发突出。关于"断连权"的讨论将连接型社会的反思置于突出视野。经过长期辩论，

① Eric PS Baumer, et al., Limiting, Leaving, and (Re) Lapsing: An Exploration of Facebook Non-Use Practices and Experiences, (paper presented at the Sigchi Conference on Human Factors in Computing Systems, Paris, April 2013), pp. 3257-3266. Stacey L. Morrison and Ricardo Gomez, "Pushback: Expressions of Resistance to the "Evertime" of Constant Online Connectivity", *First Monday*, Vol.19, No.8 (2014): No-Pagination. Sarita Yardi Schoenebeck, Giving Up Twitter for Lent: How and Why We Take Breaks from Social Media (paper presented at the Sigchi Conference on Human Factors in Computing Systems, Toronto, April 2014), pp. 773-782. Hananel Rosenberg and Kalia Vogelman-Natan, "The (Other) Two Percent Also Matter: The Construction of Mobile Phone Refusers", *Mobile Media & Communication*, Vol.10, No.2 (2022): 216-234. Nancy K. Baym, Kelly B. Wagman and Christopher J. Persaud, "Mindfully Scrolling: Rethinking Facebook After Time Deactivated", *Social Media + Society*, Vol.6, No.2 (2020): 1-10.

② Minh Hao Nguyen, Moritz Büchi and Sarah Geber, "Everyday Disconnection Experiences: Exploring People's Understanding of Digital Well-Being and Management of Digital Media Use", *New Media & Society*, No.10 (2022): 1-22. Ana Jorge, "Social Media, Interrupted: Users Recounting Temporary Disconnection on Instagram", *Social Media+ Society*, Vol.5, No.4 (2019): 1-19.

③ Eric PS Baumer, et al., Limiting, Leaving, and (Re) Lapsing: An Exploration of Facebook Non-Use Practices and Experiences (paper presented at the Sigchi Conference on Human Factors in Computing Systems, Paris, April 2013), pp. 3257-3266.

④ Rivka Ribak and Michele Rosenthal, "Smartphone Resistance as Media Ambivalence", *First Monday*, Vol.20, No.11 (2015): No-Pnation.

⑤ Moira Burke and Robert E. Kraut, "The Relationship Between Facebook Use and Well-Being Depends on Communication Type and Tie Strength", *Journal of Computer-Mediated Communication*, Vol.21, No.4 (2016): 265-281.

⑥ ［德］彼得·沃德勒等:《永久在线 永久连接》，殷乐、高慧敏译，中国社会科学出版社，2021。

法国、意大利、英国等国家相继推出"断连权"相关法律规定，保障劳动者在非工作时间内切断网络、屏蔽与工作相关的电子通信的权利。但也有研究者对当前"断连权"施行的有效性质疑[1]。更多研究者开始呼吁对数字连接"去自然化"，而将数字断连视为一种超越连接性生活方式的变革力量，以削弱连接性逻辑对人的控制[2]，传递回归真实的愿望[3]。

在反思连接性文化思潮的影响下，研究者对以往数字断连的研究成果与相关实践展开了广泛而深刻的批判，开始关注到个人因连接而陷入的困境。特里妮·叙维特森（Trine Syvertsen）在其著作《数字排毒：断连的政治》中，提醒我们注意数字断连问题背后的新自由主义社会背景。她有力地指出，过去十年对数字排毒问题的强调顺应了三个重要的历史轨迹：媒体对注意力经济的强调、政府的技术乐观主义政策，以及自我优化文化的盛行[4]。企业与政府联手，通过对注意力的争夺和互联网技术的全面推广，推动连接性社会的形成。但同时，政府通过自由化和放松管制的过程将社会问题的责任转嫁给个人，一系列强调数字排毒的自我优化实践，如断连以减少在线参与度、提高工作效率、增进数字福祉等，强调个人是数字风险管理的责任人，弱化了企业和政府在连接型社会中应承担的责任。基于劳动环境的断连反思强化了对这一问题的认识。法思特（Fast）对工作场景中涌现的深度工作、慢工作、正念工作概念以及与其相关的工作空间设置、数

---

① Pepita Hesselberth, "Discourses on Disconnectivity and the Right to Disconnect", *New Media & Society*, Vol.20, No.5 (2018) :1994-2010.

② Pepita Hesselberth, "Discourses on Disconnectivity and the Right to Disconnect", *New Media & Society*, Vol.20, No.5 (2018) :1994-2010. Adi Kuntsman and Esperanza Miyake, "The Paradox and Continuum of Digital Disengagement: Denaturalising Digital Sociality and Technological Connectivity", *Media, Culture & Society*, Vol.41, No.6 (2019): 901-913.

③ Trine Syvertsen and Gunn Enli, "Digital Detox: Media Resistance and the Promise of Authenticity", *Convergence*, Vol.26, No.5-6 (2020): 1269-1283.

④ Trine Syvertsen, *Digital Detox: The Politics of Disconnecting* (Bingley: Emerald Publishing Limited, 2020).

字断连技术进行反思，指出在工作场景中数字断连技术往往作为一种提高工作效率的工作策略，在根本上遵循了自我优化的逻辑叙事；同时，这一过程将激化不同责任主体（如上下级、同事）之间关于断连的"负责"与"不负责"的紧张关系①。

反思连接性文化的思潮从两个方面深化了我们对数字断连研究的认识：第一，对数字技术的抵制并不一定与狭义的技术相关，而更多的是与更普遍的生活方式的丧失有关②，数字断连研究应回归日常生活，反思以数字连接所形成的生活方式以及这一生活方式对人的普遍性影响；第二，对数字技术的抵制不能简单地以数字技术的反制为终点，需要更多地考虑技术环境中人的普遍权利，以及与其共同作用的更广泛的经济、社会、文化以及政治环境。在数字断连研究中，既要超越个人责任叙事，拒绝简单地将由经济、社会、政治等复杂背景所形成的问题归结为个体使用问题；又要超越"技术解决主义"倾向，拒绝简单地依赖技术工具处理社会问题。

## 三　数字时代的连接与工作

数字断连研究对我们认识当今中国职场环境中普遍存在的断连需求具有重要意义。

首先，这将丰富关于劳动者数字断连的日常生活实践的认识。数字断连从个体断连实践出发，关注人在数字连接环境中的生活体验和生存困境，有助于发现更为丰富的、深刻的、隐蔽的、复杂的实践情境，拓展对日常实践的认识。例如，在本节开头的案例中，小黄想要

---

① Karin Fast, "The Disconnection Turn: Three Facets of Disconnective Work in Post-Digital Capitalism", *Convergence*, Vol.27, No.6 (2021): 1615-1630.

② Pepita Hesselberth, "Discourses on Disconnectivity and the Right to Disconnect", *New Media & Society*, Vol.20, No.5 (2018) :1994-2010.

断连但未能断连的生活状态，即是一种具有隐蔽性的断连实践，这一想断未断的情境更深刻地突出了职场中连接与反连接的紧张关系，为理解中国职场环境中的人际交往与关系互动提供素材。

其次，这将加深对中国人际交往与关系互动的认识。基于对连接性文化的反思，数字断连研究启示我们从更为广阔的政治、经济、文化背景，看待中国职场环境中的断连需求与实践。在中国职场环境中，"996""007"仍甚嚣尘上，更为复杂的"关系"运作模式为"断连"的实现带来更多困难①。传统关系与现代技术的深刻碰撞，连接逻辑的强势介入，对中国传统职场关系的运作模式产生了怎样的影响？数字断连实践是否具有针对现实的变革力量，这种变革力量又指向何处？对中国职场断连的研究，有助于丰富我们对中国人际交往与关系互动模式变迁的认识。

最后，这将启发我们对理想工作与生活方式的想象。数字连接渗透进日常生活，深度媒介化社会改变了人的生活方式，同时也加剧了人的生活负担。从这个意义上来说，断连问题不仅关乎技术的使用，更关乎人的生存状态、人权的维护。数字断连研究启发我们思考技术与人的边界，私人与外界的边界，虚拟与真实的边界。人要如何生活？数字断连的研究带领我们重启对生命意义的追寻。

## 第四节　恼人的 60 秒语音轰炸：时间政治的困境

小王是上海某企业的行政专员，刚换新工作的他眉头紧锁。让他烦恼的不是工作上的琐事，而是摊上了一位麻烦的上司。"咻咻咻——"领导的语音信息又来了，"几句话就可以说明白的事情，非要一连串的语音轰炸，有时候叫我复印一个文件，也要发语音，使唤人

---

① 翟学伟：《中国人际关系的特质——本土的概念及其模式》，《社会学研究》1993 年第 4 期；翟学伟：《关系与谋略：中国人的日常计谋》，《社会学研究》2014 年第 1 期。

也不带这样的啊。"念研三的维维有同样的烦恼，写毕业论文这一年，在外访学的导师通过微信和她沟通毕业论文的意见，导师总爱发语音，维维有时候甚至一次性收到十几条长语音，"我现在看到语音条的小红点都有 PTSD（创伤后应激障碍）了。我都是先转文字，扫一遍大概意思，平复一下心情才去听"。小王和维维的感受或许反映了大多数年轻人对于微信语音信息（voice message）的复杂心情。有人发起了一项关于"你喜欢语音还是打字"的微博调查，结果超过70%的网友都选择了"打字，一听语音就哆嗦"。

虽然微信的语音按钮十分诱人，但我们最好还是老老实实打字。美国《石英》（*Quartz*）杂志网站在《在中国，发送微信语音信息是一种身份的象征》一文中指出，在中国的职场上发送微信语音是令人反感的，只有上级对下级传达指令时才会被容忍。和打字相比，发送语音消息无异于告诉对方，"我比你更忙，也比你更重要"[1]。那么在不对称的权力关系中，这些令人不爽又不得不接受的长语音信息轰炸又意味着什么？

## 一　时间政治理论

2002年，德国时间政治学会正式成立。2005年，学会发表的《时间政治宣言》提到，"时间即生活……让人能够持续地自己决定自己的生活方式，是现代人们的时间政治最重要的目标"。成立学会和发布宣言标志着时间在社会学领域作为政治性的生活实践范畴的地位得以确立。但要进入时间政治（time politics）的理论视野，我们首先需要厘清时间的概念。学界对于时间的理解往往包括两类：一是自然科学

---

[1]　Zara, Zhang, "Sending WeChat Voice Messages Is a Status Symbol in China", https://qz.com/1329259/sending-wechat-voice-messages-is-a-status-symbol-in-china, last accessed: 11 Jan. 2024.

的时间，把时间作为客观观测的对象；二是哲学的时间，将其视为被构筑或知觉到的主观意识[①]。阿尔弗雷德·舒茨（Alfred Schütz）和尼可拉斯·卢曼（Niklas Luhmann）将"行动"和"社会互动"引入时间的视野[②]，把时间这一概念牵引至社会学领域。我们对于时间的理解需要经由后天习得，而时间标准和规范又涉及人与人的互动关系，社会习俗与文化，甚至国家之间的权力关系。时间不仅是一个表示刻度的词语，更是结构化社会关系的概念范畴。

在日常生活中，人类有意识地试图改变生活方式，抗争既有时间制度，进而改变时间结构。这种争取行为让时间具有了政治性的生活实践意涵，即"时间政治"[③]。每一种时间结构中都蕴含着实践性的时间政治问题，且不同的时间结构具有不同的时间政治问题，影响着人们的日常生活运作。日常生活运作中又会萌生时间结构，继续带来不同的时间政治问题。[④]"时间结构——时间政治——日常生活运作——时间结构……"这一变动历程周而复始，永不停息。时间结构被分为自然的时间结构、标准时间结构、弹性化时间结构。展开来讲，在自然的时间结构当中，人们根据对四季的自然观察与日升月落的天象变化划定日期。尽管存在诸如年号、节日等原初性时间结构意涵，但在这一时期，人们极大程度地依赖自然，对于时间的改变较少，时间政治问题因此可以被忽略。随着18世纪钟摆的发明和其他时间测量工具的进步，交通运力的提升与资本主义的发展，全球范围的时间参照标准逐渐统一且更精细，标准时间结构也就诞生了[⑤]。在这一阶段，资本

① ［英］约翰·哈萨德：《时间社会学》，朱红文、李捷译，北京师范大学出版社，2009，第18~20页。

② A. Schütz, T. Luckmann, *Strukturen der Lebenswelt* (Konstanz: UVK, 2003), p.81.

③ U. Mückenberger, "Zeitwohlstand und Zeitpolitik. Überlegungen zur Zeitabstraktion", in Jürgen, P. (ed.) *Zeitwohlstand: Eine Konzept für einen anderen Wohlstand der Nation* (Rinderspacher, Berlin: sigma edition, 2002), p. 121.

④ 郑作彧：《社会的时间：形成、变迁与问题》，社会科学文献出版社，2018，第47页。

⑤ 吴国盛：《时间的观念》，北京大学出版社，2006，第99~103页。

主义社会的劳动力市场得到较大发展，那么工作时长究竟应该设定为多久呢？围绕这一问题，工人与资本家展开协商博弈，资本家希望剥夺更多的剩余价值，试图延长既定工作时间，而工人则对抗工作时间，争取自由时间，这一实践过程便是此阶段最重要的时间政治问题[①]。

自 20 世纪 80 年代以来，资本主义生产方式转向"后福特主义"。为了应对生产方式的弹性化，时间结构亦趋向弹性化，尤其以第三产业为主。既有的标准时间结构发生崩解，现代社会的整个日常生活结构都已经转向了弹性时间结构。弹性化的趋势不仅影响了工作时间，还侵入了自由时间。个人时间不再是工作时间和自由时间的二分，相反，两者的界限变得混沌模糊，不再统一固定。人们若要安排自身的时间，便需要在工作、生活、人际等情境中进行协调。那么在这一时间结构之下，人们面临的时间政治问题不再是对抗工作时间，而是变成如何构筑自身的时间结构，即追求"时间富裕"的目标[②]。"时间富裕"是弹性化时间结构下最主要的时间政治的任务。通俗而言，就是如何更好地管理时间，拥有高质量的时间体验，在不同的时间情境中游刃有余。但实现这一目标并非只取决于个人的时间管理技巧，还涉及企业生产分配、社会结构等因素[③]。

从以上的梳理可以看出，时间政治关注制度性的时间结构对日常生活实践的约束力，以及人在时间结构面前如何发挥自主性和能动性[④]。在标准时间结构阶段，时间政治的问题在于自由时间与工作时间的劳资对立；在弹性工作时间，时间政治的问题变成了如何实现"时

---

①　O. Negt, *Lebendige Arbeit, enteignete Zeit. Politische und kulturelle Dimensionen des Kampfes um die Arbeitszeit* (Frankfurt am Main, GER: Campus, 1984).

②　Jürgen Rinderspacher, P. *Zeitwohlstand in der Moderne* (Wissenschaftszentrum Berlin für Sozialforschung, Berlin, 2000), WZB Discussion Paper. pp.500-502.

③　郑作彧:《社会的时间：形成、变迁与问题》，社会科学文献出版社，2018，第 37~71 页。

④　Osborne Peter, "The Politics of Time", in Roger Luckhurst and Peter Marks, ed., *Literature and The Contemporary* (London: Routledge, 2014), pp. 36-49.

间富裕"[1]。

那么回到本节开头的故事，微信语音信息不受年轻人欢迎也就不难理解了。尽管微信语音具有很多优势：便捷、亲密、具有现场感，但其信息内容无法被转发、截屏和检索。更重要的是，语音往往为信息发送者节省了时间，却牺牲了信息接收者的时间成本。基于微信的交流中，文字信息的内容是确定的，但微信语音的内容却是未知的，需要我们调高音量、播放语音、把手机放在耳边，这种线性的信息解码过程需要我们调度和花费更多的个人时间，这有悖于我们在弹性化的时间结构中追求"时间富裕"的目标。因此，年轻人被长语音支配的反感恰恰是其具备时间政治意识的体现。而对于领导/老师发来的语音信息，我们还能感受到的是工作/学习时间对于娱乐时间更深程度的侵占，让我们在日常生活的时间政治实践中处于更加被动的位置。因此，面对这些来自上级的长达六十秒的语音条，我们会感到紧张惶恐，甚至手足无措。

## 二 社交媒体中的时间政治

时间政治理论除了解答我们对于"被 60 秒语音支配的恐惧"的困惑之外，还能带给我们哪些灵感呢？如今，以超级应用微信为代表的社交媒体平台几乎聚拢了我们在日常生活中的种种需求：工作、交友、休闲娱乐、商业支付等，社交媒体的高度发展又形成了哪些新的时间政治问题呢？

有学者聚焦钉钉 App 的"已读"功能，将资本的时间政治实践分为三方面：其一，将下达的工作指令强行插入"现在"，使得劳动者失去选择性回复消息的权利，重制其时间次序并加强了对其休闲时间的监视和支配，造成了劳动者的时间剥夺感；其二，"已读"意味着信

---

[1] 郑作彧：《社会的时间：形成、变迁与问题》，社会科学文献出版社，2018，第 21 页。

息送达完成，这一时间界面设计是为了提升劳动效率，实现异地联结的再同步化，在信息从未读转变为已读的过程中，也给信息发送者带来了时间抽离感；其三，信息一旦转为已读，便意味着劳动者需要进入新的赶工竞赛中，直到工作完成，方才恢复自己的自由时间，这形成了劳动者对时间的恐慌感[①]。但正如郑作彧所强调的，有关时间结构和时间政治的讨论不应局限于工作时间制度[②]。时间政治研究还需要加强对其他日常生活场域的关注。例如，上海的钉子户在与开发商进行利益博弈的过程中，通过"拖"的时间政治对抗拆迁政策，但却将自身陷入更深的时间异化和时间困境中[③]。

2014 年，有学者在针对不同在线媒体生产新内容速度的研究中指出[④]，社交媒体平台和搜索引擎的基础设施形成了一种实时政治（politics of real-time）。实时是指在任务执行窗口内，系统运行的速度之快，让人难以察觉后端任务处理的时滞和延迟。引擎、平台和网络文化共同生产出"实时性"的时间模式。社交媒体通过把控相关性和新鲜度的速度构建大量的实时功能，例如 Twitter 的网页版在搜索栏顶部设置了"X 条新推文"的提示。不同的社交媒体具有不同的实时节奏，这取决于平台的差异化政治。在《媒介的基础设施与数字时间的政治：硬连接的时间性》（*Media Infrastructures and the Politics of Digital Time: Essays on Hardwired Temporalities*）论文集中[⑤]，学者阿克塞尔·沃尔马（Axel Volmar）等人进一步探讨了数字媒介的基础设

---

① 吕梓剑、戴颖洁：《时间争夺战："已读"背后的时间政治与异化感知——以钉钉 App 为例》，《新闻记者》2022 年第 10 期。

② 郑作彧：《社会的时间：形成、变迁与问题》，社会科学文献出版社，2018，第 78 页。

③ 李琼、郑小雪：《时间政治视角下的钉子户——基于上海市 Q 镇三户钉子户的考察》，《广州大学学报（社会科学版）》2021 年第 4 期。

④ Esther Weltevrede, Anne Helmond and Carolin Gerlitz, "The Politics of Real-Time: A Device Perspective on Social Media Platforms and Search Engines", *Theory, Culture & Society*, Vol.31, No.6 (2014): 125-150.

⑤ Axel Volmar and Kyle Stine, *Media Infrastructures and the Politics of Digital Time: Essays on Hardwired Temporalities* (Amsterdam: Amsterdam University Press, 2021), pp.9-37.

施与数字时间政治的形塑和互构关系，指出数字媒介带来了新的时间制度和实践的变革，并考察了技术时间与人类时间的种种议题。在标准化时间结构中，人际传播的时间政治主要涉及劳动体制和劳资关系，而弹性化时间结构下，时间政治不仅卷入了更多日常生活情境，基于社交媒体的人际传播的时间政治还依赖于平台的技术偏向，这些偏向以更加隐秘和全面的形式发挥影响。

总的来说，时间政治理论不仅提供了一种学术观察的视角，还帮助我们批判性反思日常生活中的时间结构和时间政治的困境。试想，如果每个人在遭受"微信长语音轰炸"时都做出反抗，在不久的将来，或许"不好意思，我可以发语音吗？"这一礼仪问询将成为人们发送语音信息之前的社交惯习。

试想在以下几个生活情境中，时间政治可以如何帮助我们分析呢？

（一）"在吗"作为线上社交的寒暄语，却总是让人不知道如何回复是好，我究竟应该是在？还是不在呢？

（二）如今许多年轻人涌入学习主播的直播间进行陪伴式学习，或通过时间管理软件来监督自己。那么这类由平台中介的"时间管理"真的赋予了我们对时间更多的掌控吗？

（三）对不少年轻人来说，吃饭看剧已经成为每日"标配"，吃饭时不打开电视剧综艺，总是感觉缺点啥。为什么我们总是试图把闲暇时间的利用率最大化呢？

## 第五节　寒暄：情感交际还是"情感劳动"？

小张是一家影视创意公司的摄影师。公司下半年承接了一个重要项目，小张作为摄影组的中流砥柱，也被拉入到该项目组中。

项目负责人李姐首先在微信拉了一个工作群，邀请项目组成员加入。等人员到齐，李姐在群组中发了一条寒暄消息："大家好！我是项目组负责人李晴，很高兴大家加入这个团队。大家都是各个部门调来的精兵强将，希望我们一同努力完成本次作品、不负期待！大家有什么问题随时交流！"李姐刚说完，群里就展开了热烈的响应。编剧小刚首先回应说："很荣幸与大家一同共事，我们一起努力！"并配合"向前冲"的表情包。其他同事纷纷效仿，"一起努力""加油""多多指教"的话语，"点赞""撸起袖子加油干"的表情包持续"刷屏"。工作群一时间成为社交场，群里气氛活跃，其乐融融。

同事们开始互相夸赞大家以前的作品，添加个人好友，在朋友圈中也常常互相点赞、评论，项目组成员关系融洽。但小张却暗暗对这种"情感社交"产生一种负担感："为了维持良好的人际关系，我们会时时关注群组成员的动态，并积极互动。好像只有在线上热情互动才能展现友好。但我觉得这与完成工作任务没有特别大的关系，反而增添了许多社交负担。"

寒暄，既能够展现友好、融洽氛围，又能促进良好人际关系的形成，但也可能成为一种社交负担。社交媒体的普遍连接使得交际更为便捷，同时也更为频繁。为了维持良好的人际关系，有时我们不得不活跃在社交媒体中，甚至被困在频繁的社交互动中。寒暄，是否在某种程度上也成为一种"情感劳动"？通过对寒暄传播研究的回顾，我们试图找到回答这一问题的一些线索。

## 一　语言行为中的寒暄

寒暄是"在自由、无目的的社交中使用的语言"[①]，旨在建立和维

---

[①]　Bronislaw Malinowski, "Phatic Communion", in John Laver, Sandy Hutchinson, eds., *Communication in Face-to-Face Interaction* (Harmondsworth: Penguin, 1972), pp.142.

持社会关系，而不是交换有用的信息①。1923年，英国人类学家布罗尼斯拉夫·马林诺夫斯基（Bronislau Malinowski）在《原始语言中的意义问题》（The Problem of Meaning in Primitive Languages）一文中首次提出"寒暄交谈"（phatic communion）。其后，寒暄逐渐渗透到社会语言学、语义学、文体学和传播学等学科的研究，作为一种常规化和去语义化的话语模式被广为应用②。

日常生活中的寒暄随处可见，诸如问候（"你好吗？"）、闲聊（"今天天气不错"）、客套（"有问题随时找我""不耽误您了"）、奉承（"你今天真漂亮"）等都可以被视为寒暄。研究者对寒暄这一互动方式有两种相反的评价。主流观点认为，寒暄交谈缺乏所指且没有实际意义，因而对寒暄持有负面评价③。例如，将寒暄视为"闲话"（gossip），并将其与女性，以及轻浮的、琐碎的性格相对应④。另一方面，以约翰·拉弗（John Laver）、罗曼·雅各布森（Roman Jakobson）等为代表的研究者则重申了寒暄的积极意义与关系性价值，拓展了学界对寒暄功能的认识⑤。

英国语音学家拉弗在20世纪70到80年代间，对寒暄进行了丰富的论述⑥。拉弗指出，寒暄具有两项重要功能：建立和巩固互动双方

---

① Bronislaw Malinowski, "The Problem of Meaning in Primitive Languages", in Charles K. Ogden, Ivor A. Richards, eds., *The Meaning of Meaning* ( London: Kegan Paul, Trench and Trubner, 1923), pp. 296-336.

② Justine Coupland, Nikolas Coupland and Jeffrey D. Robinson, "'How Are You?': Negotiating Phatic Communion", *Language in Society*, Vol.21, No.2 (1992): 207-230.

③ Richard Hudson, *Sociolinguistics* (Cambridge: Cambridge University Press, 1980). Geoffrey Leech, *Semantics* (Harmondsworth: Penguin, 1974). George W. Turner, *Stylistics* (Harmondsworth: Penguin, 1973).

④ Jane Mills, *Woman Words* (London: Longman, 1989).

⑤ Justine Coupland, Nikolas Coupland, and Jeffrey D. Robinson, "'How Are You?': Negotiating Phatic Communion", *Language in Society*, Vol.21, No.2 (1992): 207-230.

⑥ John Laver, "Communicative Functions of Phatic Communion", in Adam Kendon, Richard M. Harris, Mary R. Key, eds., *Organization of Behavior in Face-to-Face Interaction* (Berlin: De Gruyter, 1975), pp.215-238. John Laver, "Linguistic Routines and Politeness in Greeting and Parting", in Florian Coulmas ed., *Conversational Routine*, Hague: Mouton, 1981) , pp.289-304.

的人际关系，以及缓解互动的过渡。拉弗通过分析寒暄在人际互动实践中的作用进一步指出，寒暄作为交际行为的组成部分，其功能是促进人际关系的管理。具体而言，第一，寒暄在人际互动的开始与结束阶段起着重要的过渡作用。在开始阶段，寒暄充当"润滑"与"破冰"的作用，缓解相遇初期可能出现的尴尬、紧张或敌视气氛，从而实现从非互动到互动的过渡；在结束阶段，道别寒暄有助于缓解可能的排斥感，巩固当前关系，实现从全面互动到结束对话的过渡。第二，在寒暄中，互动者通过对彼此社会身份索引（index）信息的试探，达成关于互动角色的共识，开展人际互动。查尔斯·桑德斯·皮尔斯（Charles Sanders Peirce）提出"索引"（index）这一概念，指称揭示说话者个人特征的符号[①]。拉弗将这一概念引入对寒暄功能的研究，提出寒暄的主要功能是交流关于说话者身份、品质和态度的索引事实。这些索引事实制约着特定互动的性质。拉弗反驳了将寒暄视为闲聊琐事的认识，强调寒暄在构成日常生活的主要社会心理互动中是一项必不可少的基本技能。第三，拉弗强调，在面对面的寒暄互动中，语言行为与非语言行为（例如姿势、身体方向、手势、面部表情和目光接触等）一同构成了寒暄的整体实践。[②] 其他学者也探讨了寒暄的功能，例如，雅各布森将寒暄视为语言交流的重要功能之一，认为寒暄是以渠道为导向的，它有助于建立和维持交际联系。其在确认沟通渠道是否畅通，吸引对话者的注意或确认对方的持续关注方面起着重要作用[③]。

---

① David Abercrombie, *Elements of General Phonetics* (Edinburgh: Edinburgh University Press, 1967).

② John Laver, "Communicative Functions of Phatic Communion", in Adam Kendon, Richard M. Harris and Mary R. Key, eds., *Organization of Behavior in Face-to-Face Interaction* (Berlin: De Gruyter, 1975), pp.215-238. Zhao Binbin, "Asymmetry and Mitigation in Chinese Medical Interviews", *Health Communication*, Vol.11, No.3 (1999): 209-214.

③ Roman Jakobson, "Linguistics and Poetics", in Thomas A. Sebeok, ed., *Style in Language* (MA: MIT Press, 1960), pp. 350-377.

　　鉴于对寒暄在人际关系中的作用的期待，研究者将寒暄研究拓展到真实会话场景中，探索寒暄功能的实现机制。尼古拉斯·柯普兰（Nikolas Coupland）等对老年人就医场景中寒暄交谈的研究开启了这一研究方向。自 20 世纪 90 年代以来，老年学研究的关注点由基于症状的治疗转向对老年人的整体护理，呼吁从业人员将医疗与关系问题结合起来[①]。柯普兰等人探索寒暄在其中的潜在作用，关注医生和老年病人如何合作并协商进入医疗谈话框架，重点分析了老年就医者对"你好吗？"这一开场白进行反应的语态过程。研究提出了协商性的寒暄交谈模式，指出寒暄是在实时关系中协商产生的，"老年参与者对'你好吗'的回答不只是一种简单的自我表露，它实际上是一种创造性行为，旨在确立'我们是怎样的'（how are we）这一发展过程"。[②] 其后在关于寒暄在医患沟通方面的作用的研究中，遵循会话分析的传统，实证研究结果表明，寒暄在缓解交流中的信息不对称[③]、促进健康行为履行[④]、提高治疗效果[⑤]等方面具有积极作用。

　　除此之外，还有观点将寒暄视为一种文化与仪式[⑥]。佩内洛普·布朗（Penelope Brown）和史蒂芬森·莱文森（Stephen Levinson）提出

---

① Howard Giles, Nikolas Coupland and John M. Wiemann, eds., *Communication, Health, and the Elderly* (Mancheste: Manchester University Press, 1990), Vol. 8.

② Justine Coupland, Nikolas Coupland and Jeffrey D. Robinson, "'How Are You?': Negotiating Phatic Communion", *Language in Society*, Vol.21, No.2 (1992): 207-230.

③ Justine Coupland, Jeffrey D. Robinson and Nikolas Coupland, "Frame Negotiation in Doctor-Elderly Patient Consultations", *Discourse & Society*, Vol.5, No.1 (1994): 89-124. Binbin Zhao, "Asymmetry and Mitigation in Chinese Medical Interviews", *Health Communication*, Vol.11, No.3 (1999): 209-214.

④ James D. Robinson et al., "Expanding the Walls of the Health Care Encounter: Support and Outcomes for Patients Online", *Health Communication*, Vol.26, No.2 (2011): 125-134.

⑤ Paul Crawford and Brian Brown, "Fast Healthcare: Brief Communication, Traps and Opportunities", *Patient Education and Counseling*, Vol.82, No.1 (2011): 3-10.

⑥ Raymond Firth, "Verbal and Bodily Rituals of Greeting and Parting", in Jean S. La Fontaine, ed., *The Interpretation of Ritual* (London: Tavistock, 1972), pp.1-38.

的礼貌理论与面子理论被用作对寒暄动机的解释[①]。研究者报告了在不同文化背景下寒暄沟通策略与动机的差异[②]，其中寒暄与加强人际关系和减少面子威胁（face threat）相关[③]。

## 二　数字技术场景下的寒暄

早期的寒暄研究主要集中在语言方面，互联网背景下的寒暄研究关注到非语言行为的潜力，特别是与网络寒暄相关的"寒暄技术"（phatic technology）的开发。寒暄技术主要用于建立、发展和维护人际关系[④]，而非传递特定信息。对副语言数字可供性（paralinguistic digital affordances，PDAs）的研究展现了互联网在促进寒暄传播方面的潜力。瑞贝卡·海耶斯（Rebecca Hayes）等将社交媒体中促进交流和互动的非语言线索概括为副语言数字可供性，用来指代点赞、收藏等一键式语言交流工具。其研究指出，副语言数字可供性能够促进用

①　Penelope Brown and Stephen C. Levinson, *Politeness: Some Universals in Language Usage* (Vol. 4) (Cambridge: Cambridge University Press, 1987). Penelope Brown and Stephen C. Levinson, "Universals in Language Usage: Politeness Phenomena", in Esther N. Goody, ed., *Questions and Politeness: Strategies in Social Interaction* (Cambridge: Cambridge University Press, 1978), pp.56-311.

②　Theodossia Pavlidou, "Contrasting German-Greek Politeness and the Consequences", *Journal of Pragmatics*, Vol.21, No.5 (1994): 487-511. Sotaro Kita and Sachiko Ide, "Nodding, Aizuchi, and Final Particles in Japanese Conversation: How Conversation Reflects the Ideology of Communication and Social Relationships", *Journal of Pragmatics*, Vol.39, No.7 (2007): 1242-1254. Maria E. Placencia, "Rapport-Building Activities in Corner Shop Interactions", *Journal of Sociolinguistics*, Vol.8, No.2 (2004): 215-245. Cliff Goddard, "'Early Interactions' in Australian English, American English, and English English: Cultural Differences and Cultural Scripts", *Journal of Pragmatics*, Vol.44, No.9 (2012): 1038-1050.

③　Theodossia Pavlidou, "Contrasting German-Greek Politeness and the Consequences", *Journal of Pragmatics*, Vol.21, No.5 (1994): 487-511.

④　Victoria Wang, John V. Tucker and Tracey E. Rihll, "On Phatic Technologies for Creating and Maintaining Human Relationships", *Technology in Society*, Vol.33, No.1-2 (2011): 44-51.

户感知与寻求社会支持[1]，进而强化寒暄的人际联结效果。寒暄技术的广泛应用，重新连接了社会关系，为个人建立、发展和维护关系创造了新的社会环境。网络媒体文化迎来"寒暄文化"（phatic culture）的转向[2]，网络空间本身倾向于成为"寒暄网络"（phatic Internet）[3]。

更多的研究似乎表明，网络寒暄超越了对信息"无用"的刻板认知，传递出丰富的意涵。对"点赞"的研究发现，点赞不仅揭示了发送者和接收者之间的关系[4]，展现出人际关系的层次；同时，受限于社交礼仪，对人际互动模式做出限制[5]。网络寒暄信息不仅是有意义的，通常还具有引导性、限制性，对社会规范起到强化作用。对互联网上的恭维话（赞美）的研究表明，女性之间关于外貌的赞美强化了对外貌的关注和女性的容貌焦虑[6]。这些发现启发我们回到拉弗关于寒暄对人际互动管理的论述，并从网络互动实践中，重新梳理以下问题：互联网技术的应用使寒暄的表现形态发生了何种变化？网络寒暄在关系互动中发挥了何种作用，其作用机制又如何？而更为具体的，我们也可以追问：网络寒暄的公开化、展演性对人际关系塑造产生了怎样的

---

① Rebecca A. Hayes, Caleb T. Carr and Donghee Yvette Wohn, "It's the Audience: Differences in Social Support Across Social Media", *Social Media+ Society*, Vol.2, No.4 (2016): 205. Caleb Carr, D. Yvette Wohn and Rebecca A. Hayes, "As Social Support: Relational Closeness, Automaticity, and Interpreting Social Support from Paralinguistic Digital Affordances in Social Media", *Computers in Human Behavior*, Vol.62 (2016): 385-393.

② Vincent Miller, "New Media, Networking and Phatic Culture", *Convergence*, Vol.14, No.4 (2008): 387-400.

③ Francisco Yus, "Contextual Constraints and Non-Propositional Effects in Whatsapp Communication", *Journal of Pragmatics*, Vol.114 (2017): 66-86.

④ Rebecca A. Hayes, Caleb T. Carr and Donghee Yvette Wohn, "One Click, Many Meanings: Interpreting Paralinguistic Digital Affordances in Social Media", *Journal of Broadcasting & Electronic Media*, Vol.60, No.1 (2016): 171-187.

⑤ Hongjun Zhu and Weishan Miao, "Should I Click the 'Like' Button for My Colleague? Domesticating Social Media Affordance in the Workplace", *Journal of Broadcasting & Electronic Media*, Vol.65, No.5 (2021): 741-760.

⑥ Janie Rees-Miller, "Compliments Revisited: Contemporary Compliments and Gender", *Journal of Pragmatics*, Vol.43, No.11 (2011): 2673-2688.

影响？社会文化规范以及人际互动准则是如何影响网络寒暄实践的？

回到开头的案例，我们或许可以尝试做出探索性的回答。

## 第六节　抢红包也有规矩：微信中的惯习运作

自称"冲浪达人"的小胡，很少会错过微信群里的各场"红包雨"。但端午节这天，公司董事长在企业微信里发了红包后，小胡迟迟没有点开，朋友纳闷道："红包来了你怎么不抢？"小胡摆摆手："枪打出头鸟，我怎么能抢第一个？先观望一下再说，这可是有规矩的。"原来，在小胡所在的公司微信群里，抢红包自有一套"规矩"：董事长发了红包之后，先是各部门的领导抢，等他们都抢完了，普通职员才可以抢，不仅有次序上的讲究，抢完红包后还需要在群里依次表达感谢。实际上，这规矩并非某人所立，但群内职工都默认此规矩的存在并长期遵守。第一个抢红包往往寓意"首富""头彩"，但对小胡和他同事来说，似乎并非如此简单。那么我们应该如何理解这一行为呢？

首先我们需要思考的是，红包究竟是钱还是礼物？恐怕两者都有。红包具有礼物和金钱的双重属性，因此对于传统红包的研究往往包括两方面：一是人类学中有关民俗、仪式[①]或集体行动[②]中的红包研究；二是从医学、传播学的角度关注医疗实践、新闻实践中，红包如何作为贿赂并与职业道德、尊严[③]、政治和文化[④]相互作用。随着社交

---

① Ruth E. Toulson, "The Meanings of Red Envelopes: Promises and Lies at a Singaporean Chinese Funeral", *Journal of Material Culture*, Vol.18, No.2 (2013): 155-169.

② Eric K. Ku, "'Waiting for My Red Envelope': Discourses of Sameness in the Linguistic Landscape of a Marriage Equality Demonstration in Taiwan", *Critical Discourse Studies*, Vol.17, No.2 (2020): 156-174.

③ Weirong Guo and Bin Xu, "Dignity in Red Envelopes: Disreputable Exchange and Cultural Reproduction of Inequality in Informal Medical Payment", *Social Psychology Quarterly*, Vol.85, No.1 (2022): 23-43.

④ Weirong Guo and Bin Xu, "Dignity in Red Envelopes: Disreputable Exchange and Cultural Reproduction of Inequality in Informal Medical Payment", *Social Psychology Quarterly*, Vol.85, No.1 (2022): 23-43.

平台移动支付功能的发展，传统红包被引入线上人际交往。目前关于电子红包的研究主要囊括以下两方面。一是从平台分析的维度，指出红包的强信任关系功能帮助微信平台推广支付功能，并使其"去西方化"[①]；二是从媒介人类学、媒介社会学的角度，探讨线上发红包、抢红包如何改变了家庭关系[②]、社群关系[③④]等人际交往或形塑了传统集体主义的价值观[⑤]。在聚焦抢红包的两项研究中，张放指出，微信春节家族群内红包的抢和发是扁平化的互动游戏，其平等参与的运作模式触动了传统的纵轴家庭关系[⑥]。而另一项有关抢红包动机的实验研究表明，人们更加注重抢红包的心理后果，而不是经济后果，具体受到追求好运、激励不确定性效应等影响[⑦]。但在工作群中抢红包，其行为的心理驱动更加受到权力因素的影响，因而更复杂。邱新有在对于壮族山歌微信群的研究中指出，进群首先要发红包，这是作为"见面礼"来融入社群的第一步，是新成员懂礼貌的体现，久而久之，这种群体规范就成为一种惯习[⑧]。实际上，不仅入群发红包是一种惯习，抢红包

---

① Mark Davis and Jian Xiao, "De-Westernizing Platform Studies: History and Logics of Chinese and US Platforms", *International Journal of Communication*, Vol.15 (2021): 103-122.

② 张放:《微信春节红包在中国人家庭关系中的运作模式研究——基于媒介人类学的分析视角》,《南京社会科学》2016 年第 11 期。

③ 邱新有、陆锦华:《微信群中的数字礼俗社会：一项关于壮族山歌媒介化的实证研究》,《新闻与传播研究》2022 年第 11 期。

④ 杨扬、王子涵、刘少帆:《"红包社交"探析：游戏化、礼物经济与情感体验》,《北京航空航天大学学报（社会科学版）》2022 年第 2 期。

⑤ Holmes Kyle, Mark Balnaves and Yini Wang, "Red Bags and WeChat (Weixin): Online Collectivism during Massive Chinese Cultural Events", *Global Media Journal: Australian Edition*, Vol.9, No.1 (2015): 15-26.

⑥ 张放:《微信春节红包在中国人家庭关系中的运作模式研究——基于媒介人类学的分析视角》,《南京社会科学》2016 年第 11 期。

⑦ Zhang Qian, et al., "Understanding the User's Economical and Psychological Intentions to Snatch Electronic Red Envelopes: An Experimental Study", *IEEE Access*7 (2018): 5749-5759.

⑧ 邱新有、陆锦华:《微信群中的数字礼俗社会：一项关于壮族山歌媒介化的实证研究》,《新闻与传播研究》2022 年第 11 期。

也是一种惯习，惯习理论同样可以帮助我们解释小胡工作群内的抢红包的"规矩"。那么，惯习是什么呢？

## 一　何为惯习？

惯习（habitus）是皮埃尔·布尔迪厄（Pierre Bourdieu）提出的核心理论概念之一。惯习这个词最早由埃德蒙德胡塞尔（Edmund Husserl）提出，后被布尔迪厄加以创造性地发展。布尔迪厄首先批评了唯智主义的行动哲学，这类哲学机械地把人视为理性行动者。在他看来，实际上的行动并不全是理性的，也不是即时的刺激反应，但行动总是"合情合理"的，这便是实践逻辑的产物。而这种指导行动的逻辑便由惯习所塑造，也就是说，我们过去所习得的社会规范、经历的社会化以及早期经验决定了我们的行动，且往往是以一种无意识的难以察觉的方式[1]。因此惯习的提出试图超越主体哲学和结构哲学的弱点和对立，既重视行动者的力量，也看到结构对于行动者的约束，体现为身体"被视为把外在世界内化并使内在世界外化的场所"[2]。展开来说，惯习作为个人身体内的历史关系的沉积和存留，是外在结构（共同的社会规范、团体价值等）内化于人的身体的结果，并形成某种文化特色的思想、知觉、表达和行动，作为个人身体对外在结构的回应[3]。简言之，我们在学校、工作等场域中掌握的思维和感知能力，会驻留在我们的身体上，形成一种惯习，它再通过我们与外部世界的互动表达出来。我们的谈吐、穿着、品味都受到惯习的调控，例如有人爱好纪录片，有人爱好韩剧，也有人爱好短视频，大家喜好不一。而

---

① ［德］汉斯·约阿斯、沃尔夫冈·克诺伯：《社会理论二十讲》，郑作彧译，上海人民出版社，2021，第462页。

② 转引自［法］皮埃尔·布尔迪厄：《实践理论大纲》，高振华、李思宇译，中国人民大学出版社，2001，第4页。

③ 刘欣：《阶级惯习与品味：布迪厄的阶级理论》，《社会学研究》2003年第6期。

在小胡的工作群内，关于抢红包的"规矩"便是职场礼仪和公司制度内化于职员身体的体现，惯习作为一种无形的非正式化的道德约束调控着员工的行为，使其不敢逾矩。

惯习作为历史和时间之于身体的产物，它是否能被改造呢？"惯习深刻地存在于人们的性情倾向系统之中，作为一种技艺存在的生成性能力"[①]。布尔迪厄指出，惯习虽被视为稳定持久的，且早期的社会经验对惯习的形塑具有相对不可逆的影响，但惯习并非一成不变的，同样会根据构成惯习的特殊条件客观地进行调整。他认为，应该抛弃决定论的眼光，将惯习看作是一种需要去发动的发条。即便是完全相同的惯习，置于不同的场域之中，也会产生不同的结果[②]。汉斯·约阿斯（Hans Joas）等人批评道，惯习理论无法解释行动者的行动在惯习下的限度和弹性，并指出行动类型学可以帮助解释行动者在场域中如何实现利益[③]。为了打开布尔迪厄的"惯习"黑箱，戴夫·厄德沃斯（Dave Elder-Vass）[④]借鉴阿彻（Archer）的涌现主义（emergentism），从认知神经科学的角度弥补个体行动中反思和自主的一面，指出其运作机制包括信念形塑、决策制定、决策贮藏和行动执行四个方面。

## 二　惯习如何影响我们的线上互动？

那么，惯习理论对于线上的人际互动有哪些启示呢？兹兹·帕帕

① ［法］皮埃尔·布尔迪厄、［美］罗克·华康德：《实践与反思：反思社会学导引》，李猛、李康译，邓正来校，中央编译出版社，1998，第163~165页。

② ［法］皮埃尔·布尔迪厄、［美］罗克·华康德：《实践与反思：反思社会学导引》，李猛、李康译，邓正来校，中央编译出版社，1998，第179页。

③ ［德］汉斯·约阿斯、沃尔夫冈·克诺伯：《社会理论二十讲》，郑作彧译，上海人民出版社，2021，第462页。

④ Dave Elder-Vass, "Reconciling Archer and Bourdieu in an Emergentist Theory of Action", *Sociological Theory*, Vol.25, No.4 (2007): 325-346.

克瑞斯（Zizi Papacharissi）和埃米莉·伊斯顿（Emily Easton）[1]基于对 Facebook 的研究，发展了布尔迪厄的理论，提出社交媒体环境下的新惯习。新媒体技术具有持久性、可复制、可分享等特征，其技术可供性驱动了新惯习的形成，具体包括三项：论述（discourse），即文本叙事策略；倾听（Listening），即偷窥和监视他人社交资料；编修（redaction），即个人身份的在线表演。编修个人身份不仅体现了技术可供性所增进的反身性，还可以结合布尔迪厄对于惯习/品味的研究。在布尔迪厄看来，惯习不仅体现了不同场域的分化，更是特定阶级的氛围、生活风格和品位的体现[2]。简言之，阶层差异涉及惯习的区分和对立，不同的阶层生产出不同的惯习。在日常生活中，我们对于电影、音乐的审美，我们的穿搭、言行举止、饮食习惯，都是由阶层惯习所决定。而同时，我们又格外关注线上自我形象的整饰，积极地在社交媒体进行"策展"。这些有意而为之的自我呈现行为多大程度上符合我们的惯习呢？多大程度上是新惯习的体现呢？

另外，个体进入不同的场域后需要调整以适应这一场域的惯习。最近舆论热议的"00后整治职场"现象体现出世代差异一定程度上打破了传统的"场域——惯习"的制约关系。那么我们可以结合身边的现象，继续思考，社交媒体上还有哪些惯习被改变了呢？除了技术的发展，这些惯习的改变还受到哪些因素的影响呢？

## 第七节　职场交往：身份传播理论

毕业后，王卷进入一家企业工作，由于疫情原因，入职培训等工

[1] Zizi Papacharissi and Emily Easton, "In the Habitus of the New: Structure, Agency, and the Social Media Habitus", in John Hartley AM, Jean Burgess, and Axel Bruns, eds., *A Companion to New Media Dynamics* (Oxford: Blackwell Publishing Ltd, 2013), pp.167–184.

[2] Pierre Bourdieu, *Distinction: A Social Critique of the Judgement of Taste* (Cambridg: Harvard University Press, 1984), pp. 460–467.

作都通过线上进行。虽然同事们没有线下见过面，有的仅是线上或多或少的交往，但许多时候，王卷通过观察同事的在线表达，诸如文字风格、标点符号、表情包等细节，便可大致地判断出这个人的身份。有一次，大家进入线上会议室中等候会议开始，其中的一位同事忘记关闭电脑的麦克风，在屏幕外接了几个电话。第一通电话是这么说的："喂，小张，那内容还是要再改，补充一些图，不要都是文字……下班前要给我。"第二通电话是这样的："您好，我是小吴，对对对，之前说合作的项目要延期，但现在情况有些变化……。"虽然只听到一些，但王卷也很快地判断出他们各自的身份，打电话的这人大概是个中层领导，"小张"是其下属；第二通电话那头应该是一个合作方，层级或年龄大概在公司这位领导之上。透过交流能够大致地判定一个人的身份和人与人之间的关系，这样的例子在生活中并不少见。一个人的身份往往流露于他的表达中，而他的表达同时也塑造着他的身份。那什么是身份？我们如何理解身份并利用它来更有效地沟通？接下来，我们将从"身份传播理论"的视角对此展开更多的探究。

## 一 身份传播理论的知识传统

说到身份传播理论，我们得先从"身份"这个概念谈起，而这一概念的知识传统则来源于与"自我"相关的研究。社会学者和心理学者追问自己"自我"到底是什么，并建构了自我（how do you think about yourself）的概念。赫伯特·布鲁默（Herbert Blumer）的符号互动主义认为自我源自社会互动和他人的感知[①]，后续的研究发现"自我"不是唯一的，于是学者们借鉴了社会学中的"社会角色理论"，即认为人们在社会的不同场景中扮演着不同的角色，创造并普及了"身

---

① Herbert Blumer, *Symbolic Interactionism: Perspective and Method.* (California: University of California Press, 1986).

份"这一概念。可以说,"身份"是对"自我"进一步的抽象和概念化,认为我们通过不同的角色看到并定义自己,且每个人都有着多重身份。

身份、社会互动和社会关系是身份研究的几个核心,许多学者认为身份是传播的产物。如莫克罗斯·哈特穆特(Mokros Hartmut)认为,身份由话语和互动的自我反思构成。[①]丁允裪(Ting-Toomey)则注意到身份是在传播中形成的,他指出人的身份在相互交流的活动中被断言、定义或改变,通过这个身份协商过程,人们接近互相想要的身份。[②]以上观点将身份和传播隔离开来,当成两个独立因素进行分析,而米歇尔·赫克特(Michael Hecht)则基于实证研究的数据指出,身份和传播具有不可分离的关系。[③]

## 二　身份即是传播,传播即是身份

在之前的研究基础上,赫克特结合符号互动理论和社会身份理论,于1993年正式提出了身份传播理论(Communication Theory of Identity, CTI)。该理论认为,身份与传播相互影响,社会关系和角色通过沟通被个人内化,反过来,个人的身份也通过交流被表现为社会行为。[④]简而言之,身份即传播,传播即身份。在赫克特看来,身份具有四个层面:个人(personal)、关系(relational)、演绎(enacted)

① Mokros Hartmut, "A Constitutive Approach to Identity", in Mokros Hartmut B., ed., *Identity Matters* (Creskill, NJ: Hampton Press, 2003), pp.3-28.

② Ting-Toomey Stella and Dorjee Tenzin, *Communicating Across Cultures* (New York / London: Guilford Publications, 2018).

③ Michael L. Hecht, "2002—A Research Odyssey: Toward the Development of A Communication Theory of Identity", *Communication Monographs*, Vol. 60, No. 1 (1993): 76-82.

④ Michael L. Hecht, "2002—A Research Odyssey: Toward the Development of A Communication Theory of Identity", *Communication Monographs*, Vol. 60, No. 1 (1993): 76-82.

和公共（communal）。个人层面指个人如何定义自己；关系层面上，身份的关系属性可进一步分为：形成构建、认同归属、统一整合；演绎层面指身份在传播中被表演和表达；公共层面则指群体成员归属对身份形成的影响。这四个层面相互依赖，交叉贯通。举个例子，从个人层面，小华认为自己要做一个负责任的人，从关系层面，他是家里同一辈中年纪最大的。小华可能是因为他是家中的大哥而认为自己要做一个有担当的人，也即，身份中的多个层次并非独立存在，相互间存在着一定的关联。

但当这些层次无法相互渗透时，就会产生一定的问题与矛盾。江浦·容格（Eura Jung）和迈克尔·赫克特（Michael Hecht）提出的"身份隔阂"（identity gap）的概念[1]，认为当一个人在传播行为中演绎的身份可能与其本人所感知和期望的不同时，就会产生挫折、沮丧、缺乏安全感等负面结果。比如，你认为你是一个乖孩子，但是你违背父母的意愿放弃考公。你的举动与乖孩子的身份认知不一致时，便会产生内心的挣扎。同时，"身份隔阂"这一视角也适用于一些正向激励。当不和谐发生时，个体会尝试通过改变行为、关系和自己来解决身份差距。通过调用或创建一个身份隔阂，或许就可以激励人去改变。如克里斯蒂娜·帕克斯曼（Christina Paxman）用身份传播理论的四个层面来分析素食者的身份管理技术。研究发现，为了改变人们对素食主义的负面刻板印象，素食者有策略地管理自己的形象：淡化自己的身份以促进顺利互动，食用与分享素食，提前计划（例如线上查看餐厅菜单）。[2]

---

[1] Eura Jung and Michael L. Hecht, "Elaborating the Communication Theory of Identity: Identity Gaps and Communication Outcomes", *Communication Quarterly*, Vol. 52, No. 3 (2004): 265-283.

[2] Christina G. Paxman, "'I Love Tater Tot Casserole, I Just Make It Vegan': Applying the Communication Theory of Identity to Examine Vegans' Identity Management Techniques", *Communication Studies*, Vol. 72, No. 4 (2021): 752-768.

## 三　身份协商与社会生存

身份传播理论能够通过分析身份的不同层次来捕捉其流动性和复杂性，而且社会中的个体通常游走在各类群体中，有着复杂的身份层次，因此这一理论常被用于研究社会中不同群体的身份认同问题，尤其是边缘群体。比较典型的是，许多学者聚焦于同性恋群体的多重身份研究，如越贞（Viet Trinh）通过对 20 名 LGBTQ+ 大学生的深度访谈，运用身份传播理论分析出了他们在显著性身份之间产生冲突时的协商策略：身份划分、差距和解和忽略差距。[①]桑德拉·福克纳（Sahdra Faulkner）关注美国犹太女同性恋、男同性恋、双性恋和变性酷儿，通过身份传播理论揭示了多重身份在参与者的生活中带来的变化和冲突。[②]除了横向研究同性恋的身份冲突与管理，也有学者从纵向维度研究同性恋者的身份认知变化。如克里斯多夫·哈耶克（Christopher Hajek）以 40 位早期中年男同性恋者与年轻男同性恋者为研究对象，以身份传播理论为框架揭示了三点：对同性恋身份的看法转变，同性恋身份表现的演变，以及与同性恋文化期望的不和谐，以此理解男同性恋者如何经历中年。[③]

总之，在身份传播理论的理论体系中，身份具有传播性，传播就是身份认同，传播的信息构成并反映身份特征。在流动的、多重的身

---

① Viet D. Trinh, and Sandra L. Faulkner, "Using the Communication Theory of Identity to Examine Identity Negotiation Among LGBTQ+ College Students with Multiple Conflicting Salient Identities", *Communication Quarterly*, Vol. 71, No. 2 (2023): 154-174.

② Sandra L. Faulkner, and Michael L. Hecht, "The Negotiation of Closetable Identities: A Narrative Analysis of Lesbian, Gay, Bisexual, Transgendered Queer Jewish Identity", *Journal of Social & Personal Relationships*, Vol. 28, No. 6 (2011): 829-847.

③ Christopher Hajek, "Distinguished or Dissonant: Gay Male Midlife Identity as Emergent in Intergenerational Communication with Younger Gay Men", *Journal of Social and Personal Relations*, Vol. 35, No. 3 (2018): 329-347.

份中，人们进行着身份的协商与管理。本节开头呈现的职场语境中，工作者在面对不同层级的同事时具有不同的身份，面对不同场景时也有不同的表达，而把握其中的分寸则需要对其身份管理提出较高要求。而在网络媒体时代，为了工作的便捷性，许多职场上的人际交流以一定的工作软件为中介，线上人际交流需要准确而自然地表达身份，但如何能够实现多重身份属性的调用与平衡，其中存在着许多值得探讨的问题。

# 第四章　社会情景

## 第一节　防不胜防的网络诈骗：社会线索还靠谱吗？

电信网络诈骗套路深，网民一不留神就进了"坑"。小吴就差点被"闺蜜"拉下水。临近新年的某一天，正在互联网冲浪的小吴收到了来自"闺蜜"的微博私信。她说现在信号不好，微信消息发不出，只能通过微博国际版发消息。"闺蜜"在国际邮轮上工作，海上信号不稳定，又有时差，联系不上是常有的事。"闺蜜"哭诉道："我可能回不来了，抢不到机票，网太差了。"接着恳求小吴帮忙抢一下票。小吴爽快地答应了，随即便收到一张对方转账成功的截图，"我已经把钱转到你银行卡了，但到账延迟可能得 2 小时。"八千多不是小数目，小吴的卡里余额并不够。但答应好友在先，于是小吴找到两人共同的一位朋友借钱，并发送聊天截图解释缘由。这位朋友一看聊天记录，便察觉到这是一场骗局。"你肯定是被骗了，这人讲话的语气根本不是 XX 啊，XX 不会这样子说话的。"十几年的交情让小吴对"闺蜜"的真实性丝毫没有怀疑，却忽视了此"闺蜜"的讲话风格非彼闺蜜，好在有朋友"火眼金睛"的帮助，小吴才得以从骗局中逃脱。

可老张就没有这么幸运了。9 月初，他刚进儿子的新生家长微信群，群里的"班主任"就主动添加了他的微信，以缴纳"学杂费"为由让老张发了五百多的红包，并暗示可以多多照顾其孩子。面对"班主任"的权威，老张毫不迟疑地就给对方转了款。直到收到真正的班主任来电，老张才回过神来——上当了！但只能无奈地叹气："没办法呀，那骗子学得太像了，说话的口气跟我儿子的班主任一模一样。"不论是小吴的"闺蜜"因为扮演得不像露出马脚，还是老张儿子的"班主任"由于演得太像而顺利得手，我们都可以看出社会线索在网络诈骗和反诈骗中所发挥的作用。那么社会线索究竟是什么呢？

## 一 社会线索理论的渊源

如果我们将反诈骗视为一种日常生活实践，小吴的朋友对于"社会线索"的识别策略或许可以帮助我们对生活中的网络诈骗擦亮眼睛。社会线索（social cues）是指人际互动中通过面部、声音、着装、姿态动作、凝视方向等传递的语言和非语言符号，可以增进正面印象，发展积极的社交关系[①]。在人际互动中，更关注社会联系、具有更高归属需求的个体会更加在意破译他人的社会线索[②]，根据他人的社会线索调整自身行为以适应传播语境。另一方面，根据去个体化效应的社会认同模型（Social Identity Model of Deindividuation Effects, SIDE），社会线索能够帮助个人建立独特身份，形成特殊的个性化的印象[③]。

那么社交媒体上的社会线索，是多了还是少了？以计算机为中介的传播（computer-mediated communication）改变了面对面传播（Face to Face Communication）中社会线索丰裕的局面。1987年，基于社会在场理论（social presence theory）、交际情境线索缺失假说（hypothesis

---

① Joseph B. Walther, "Interpersonal Effects in Computer-Mediated Interaction: A Relational Perspective", *Communication Theory*, Vol. 19, No. 1 (1992): 52–90.

② Cynthia L. Pickett, Wendi L. Gardner and Megan Knowles, "Getting a Cue: The Need to Belong and Enhanced Sensitivity to Social Cues", *Personality and Social Psychology Bulletin*, Vol. 30, No. 9 (2004): 1095–1107.

③ Spears Russell and Martin Lea, "Social Influence and the Influence of the 'Social' in Computer-Mediated Communication", in Martin Lea, ed., *Contexts of Computer-Mediated Communication* (Hempstead, UK: Harvester Wheatsheaf, 1992), pp. 30–65.

of lack of social context cues）和媒介丰富性理论（information richness theory），学者玛丽·卡尔南（Mary J. Culnan）和利恩·马科斯（Lynne Markus）提出社会线索滤除理论（social cues filtered-out theory）[1]。他们认为，以计算机为中介的人际传播（computer-mediated interpersonal communication）消除了很多面对面交流中的社会线索。社会线索譬如面部表情、肢体接触等的缺乏带来了交流不畅、信任缺失等问题。有关社会线索滤除的研究伴随着对网络人际传播相对于面对面交流的有限性的讨论而展开。因此，面对面交流的社会线索充裕带来的优势便反向体现了互联网人际交流中社会线索匮乏的劣势。网络人际传播中的社会线索滤除削弱了网民的个性化身份，相反凸显了其作为群体成员的身份特征，同时也不利于减少模糊性和树立正面形象[2]。网络人际传播的社会线索滤除理论不只被认为是一种理论，更被视作一条研究进路，此进路的理论观点主要包括：人际传播的交流由不同渠道的视觉、听觉和情境线索所构成；以社交媒体为中介的传播导致在场感削弱。这一进路直接影响了网络人际传播去人际效果论（impersonal effects）的提出[3]。在面对面的人际互动中，分辨对方是否真诚是容易的，但在线上人际互动中，我们往往被简化为由头像、ID、信息动态所组成的数字化身，同时我们的面孔、表情、声音变得难以接近和极易被伪造，这不仅让我们难以辨别对方的真实想法，甚至都难以知晓屏幕背后究竟为何人，我们所能掌握的就只剩下对方的语言风格、社交动态，甚至使用表情包的特点这些零星的社会线索。也正是由于数字交往中社会线索的模糊、缺失与断裂，骗子才有了可乘之机，轻松

① Mary J. Culnan, and Lynne M. Markus, "Information technologies", in F. M. Jablin, L. L. Putnam, et al., eds., *Handbook of Organizational Communication: An Interdisciplinary Perspective* (Newbury Park, CA: Sage Publications, 1987), pp. 420-443.

② Tanis Martin, and Tom Postmes, "Social Cues and Impression Formation in Computer-Mediated Communication", *Journal of Communication*, Vol. 53, No. 4 (2003): 676-693.

③ 张放:《网络人际传播效果研究的基本框架、主导范式与多学科传统》,《四川大学学报》(哲学社会科学版) 2010 年第 2 期。

地伪装成相熟多年的"闺蜜"或微信群聊里的"班主任"。试想，如果是在线下的人际交往中行骗，其难度又何止于此。

## 二 网络诈骗中的社会线索

既往关于电信网络诈骗的研究，传统犯罪学往往运用生活方式暴露理论（lifestyle exposure theory）/日常活动理论（routine activity theory），传播学则主要借助框架分析理论（frame analysis theory）和社会学领域的失范/应变理论（anomie/strain theory）。生活方式暴露理论和日常活动理论认为，某些生活方式、日常活动增加了受害的风险[①]。学者应用此理论分析电信网络诈骗的受害者，并指出具有以下生活特征的人更容易成为电信网络诈骗的受害者：经常上网和网络购物的人[②]，治安环境不良的居民、兼职工作者[③]。另外，框架理论被运用于分析网络诈骗的结构和过程[④]。失范/应变理论则多被用于对青少年从事网络诈骗的行为分析[⑤]。

欺骗本质上是一项人际互动行为。就社会线索而言，网络远距离欺诈（fraud at a distance）减少了诈骗者与受害者互动时所需要的社

---

[①] Lindsay Kahle Semprevivo, and James Hawdon, "Research on Victimization and Victimology", *The Encyclopedia of Research Methods in Criminology and Criminal Justice*, Vol. 2 (2021): 732-737.

[②] Travis C. Pratt, Kristy Holtfreter, and Michael D. Reisig, "Routine Online Activity and Internet Fraud Targeting: Extending the Generality of Routine Activity Theory", *Journal of Research in Crime and Delinquency*, Vol. 47, No. 3 (2010): 267-296.

[③] Policastro Christina and Brian K. Payne, "Can You Hear Me Now? Telemarketing Fraud Victimization and Lifestyles", *American Journal of Criminal Justice*, Vol. 40, No. 1 (2015): 620-638.

[④] Burgard Anna and Christopher Schlembach, "Frames of Fraud: A Qualitative Analysis of the Structure and Process of Victimization on the Internet", *International Journal of Cyber Criminology*, Vol. 7, No. 2 (2013).

[⑤] J. Kehinde Oyedeji, and H. Olamide Badmos, "Social Construction of Internet Fraud as Innovation Among Youths in Nigeria", *International Journal of Cybersecurity Intelligence & Cybercrime*, Vol. 5, No. 1 (2022): 23-42.

会线索[①]。相关研究往往关注网络诈骗/网络欺骗与社会线索的关系。欺骗者（liars）往往涉及独特的社会线索，例如网络欺骗者具有某些语言表达特征：运用更不确定、表达更少的感官知觉词语，经历更大的认知负荷，以及传递更多负面情绪[②]，会更避免说"不"这类表示否定含义的词，更多说"知道""导致"这类表示归因过程的词，更常用第一人称的语气讲话等[③]。诈骗电子邮件的研究发现，诈骗者灵活地使用上下文嵌套（context-embedded）的方式制造语言的紧迫感，若第一封邮件中采用了紧急的口头暗示，后续的邮件则更有可能加入紧急语言线索，保持行为一致[④]。

回到文章开头的诈骗案例中，小吴和老张的遭遇虽然不同，但都经历的是十大高发电信网络诈骗类型[⑤]之一的冒充领导、熟人类诈骗[⑥]。在识别和规避数字诈骗的过程中，社会线索起到了很大的帮助。当面临与熟人的金钱交易时，我们往往会留意：这个人的表达风格是否像我们认识的那个人？即使是在面对陌生来信和链接，我们也总会

---

① Kapardis Andreas and Maria Krambia-Kapardis, "Applying Evidence-Based Profiling to Disaggregated Fraud Offenders", in Michel Dion, David Weisstub and Jean-Loup Richet, eds., *Financial Crimes: Psychological, Technological, and Ethical Issues* (Springer, 2016), pp. 269–294.

② Hauch Valerie, et al., "Are Computers Effective Lie Detectors? A Meta-Analysis of Linguistic Cues to Deception", *Personality and Social Psychology Review*, Vol. 19, No. 4 (2015): 307–342.

③ Shuyuan Mary Ho, et al., Liar, Liar, IM on Fire: Deceptive Language-Action Cues in Spontaneous Online Communication (paper presented at the 2015 IEEE International Conference on Intelligence and Security Informatics (ISI), August 2015).

④ Maimon David Mateus Santos and Youngsam Park, "Online Deception and Situations Conducive to the Progression of Non-Payment Fraud", *Journal of Crime and Justice*, Vol. 42, No. 5 (2019): 516–535.

⑤ 十大高发电信网络诈骗类型共包括：刷单返利、虚假网络投资理财、虚假网络贷款、冒充电商物流客服、冒充公检法、虚假征信、虚假购物和服务、网络游戏产品虚假交易、冒充领导熟人、婚恋交友类诈骗等。

⑥ 央视网:《公安部公布十大高发电信网络诈骗类型》，央视网，https://news.cctv.com/2023/06/15/ARTIqQgfBkYqdrrwZkXmdkFe230615.shtml，最后访问日期：2024年1月11日。

观察：陌生邮件、短信消息中的语言表达看起来是否来自正规机构和平台？网站界面设计是否像合法网站？

除了电信网络诈骗研究，社会线索理论还可以应用于辨别信息真伪、信任与安全的研究[①]。一项关于信任在社会线索与社会认知之间的调节作用的研究显示，网络上存在的已有社会线索会增强用户对网站的社会感知，进而导致用户更多地披露私人信息[②]。这也启示我们从社交媒体可供性的角度关注社会线索，例如社交媒体用户"IP"地址的显示对于用户参与公共讨论、进行数字交往的影响；或结合媒介地理学的地方感理论，考察微博/抖音"地区榜"等社会线索与地方感的互动。

## 第二节　网络购物：社会交换理论

为了以较低的价格入手国外的一些护肤品，刘燕决定通过代购渠道购买。但选择靠谱的代购并不容易，刘燕与许多代购联系过，希望对方提供正品的凭证，但对方都有看似可信的购物小票或者售卖证书。然而在平台的买家答疑板块，部分人反映产品为假货或者认为代购真假混卖。这让刘燕很纠结，不知该如何选择。像刘燕一样的人不在少数，网购提供了许多选择，但实际上这也增加了做出决策的难度，因为需要考量的因素变得更为复杂。

商务部电子商务和信息化司发布的《2022年中国网络零售市场发展报告》显示，2022年全国网上零售额13.79万亿元。截至2021年6

---

① Nong Zhenzhen and Sally Gainsbury, "Website Design Features: Exploring How Social Cues Present in the Online Environment May Impact Risk Taking", *Human Behavior and Emerging Technologies*, Vol. 2, No. 1 (2020): 39-49.

② Zalmanson Lior, Gal Oestreicher-Singer and Yael Ecker, "The Role of Social Cues and Trust in Users' Private Information Disclosure", *Management Information Systems Quarterly*, Vol. 46, No. 2 (2022): 1109-1134.

月，我国网络购物用户规模达到 8.12 亿人。随着网络购物的规模不断扩大，一些学者开始从社会交换理论（social exchange theory）的视角研究消费心理与消费行为，那什么是社会交换理论？

## 一　社会交往理论：溯源和发展

社会交往理论来源于经济学领域的功利主义古典经济学、人类学领域的文化人类学、社会学领域的社会传统、心理学领域的行为心理学四个领域中的交换思想。社会交换理论以人性自利的假定为前提，认为人们在人际交往中的互动和维持发展人际关系的行为都是以交换获得更高额的奖赏为最终目标。个体在与他人进行资源交换时，通过衡量在交换过程中的感知收益与成本来决定是否进行交换，并且追求收益最大化。[①]

1958 年，为纪念古典社会学家格奥尔格·齐美尔（Georg Simmel），乔治·加斯帕·霍曼斯（George Caspar Homans）在《美国社会学杂志》上发表"作为交换的社会行为"一文，第一次正式提出了社会交换理论[②]。社会交换理论认为，人类的一切社会活动都可以归结为一种交换，而人们在社会的相互交往活动中结成的一定社会关系也只能是一种交换关系。霍曼斯试图通过演绎解释人类行为，他认为，人类的社会行为的一般命题系统包括六大命题：成功命题、刺激命题、价值命题、剥夺—满足命题、攻击—赞同命题和理性命题。成功命题是指人们的行动总是追求报酬，逃避惩罚。刺激命题指行动受到经验和情景的制约。价值命题指人在进行行动选择时是包含价值判断的。剥夺—满足命题说明了心理学的情景强化原则或经济学的边际效用规律，该命题限制了价值的时

---

① 邱珊:《与霍曼斯交换理论的比较看布劳理论的发展》,《才智》2010 年第 15 期。

② George C. Homans, "Social behavior as Exchange", *American Journal of Sociology*, Vol. 63, No. 6 (1958): 597–606.

效性。攻击—赞同命题指出了前四个命题成立的两种条件，即引起攻击行为的条件和引起赞同行为的条件，揭示了人类行动的感情色彩。理性命题指出了贯穿前三个命题的功利主义因素，在指出行动价值的基础上，进一步指出行动的可能性问题。[①]

但是霍曼斯的交换论是基于个人层次的，因而对于宏观社会中的重要问题，如社会制度的产生、变迁等缺乏解释力。在批判性继承霍曼斯理论的基础上，美国社会学家彼得·布劳（Peter Blau）认为社会行为是否属于交换需要有独特的原则和标准，因此他提出：双方或多方互动才是人类行为的最终目的。他认为社会交换不同于经济交换的是前者需要受到社会文明公约和文化规范的限制。[②]事实上，法国人类学家马塞尔·莫斯（Marcel Mauss）断定交换行为引起并强化社会规范结构，把功利主义的交换与社会结构分析紧密地联系起来[③]，从而首先发展了现代交换理论中的结构主义观点，这就是布劳的理论出发点。布劳吸收了社会冲突思想，对于社会权力冲突提供了一些很有意义的命题，围绕社会结构这一研究重点，他考察了基本交换过程对形成和发展社会结构的影响，以及业已形成的社会结构对交换过程的制约。

在布劳的研究基础上，理查德·爱默森（Richard Emerson）继续深挖其中的权力关系，他把交换理论和网络分析结合起来，提出社会交换网络分析，用于分析社会网络中的不平等和权力。他认为交换理论的分析单位应该是交换者本身而非交换本身。爱默森是用交换网络的概念来说明交换关系的形态的，他认为，在不同的反映交换关系的交换网络中，权力和社会结构的形成机制是不同的。[④]与之前的交换

① 陈志霞：《社会心理学（本科）》，人民邮电出版社，2016。
② Peter Blau, "Exchange and power in social life", *American Journal of Sociology*, Vol. 63, No. 6 (1964): 597-606.
③ 戴丹：《从功利主义到现代社会交换理论》，《兰州学刊》2005年第2期。
④ Ralph Waldo Emerson, "Exchange Theory, Part II: Exchange Relations and Networks", Sociological Theories in Progress, Vol.2 (1972):58-87.

理论相比，爱默森的交换理论回避了宏观和微观的矛盾，但仍然可以在较大范围内解释社会行为及社会秩序的生成。

在社会交换理论发展的早期阶段，研究者们似乎仅把注意力集中于对交换者和交换行为模式的研究上，把交换内容当作一种资源来看待则是 20 世纪 70 年代以后的事情，埃德文·福阿（Edua Foa）和乌列尔·福阿（Uriel Foa）两位社会心理学家首次明确地将交换内容称作一种资源，将其定义为可以通过人际行为传递的任何物质的或符号的事物，或与人际交往有关的一切内容。20 世纪 80 年代以后，他们对交换资源的类别划分进行了深入的研究，将交换资源分为六大类：爱、地位、服务、信息、货物和金钱。① 除了西方学者有关交换资源的理论，中国台湾学者黄光国也曾就中国人的资源分配模式进行了研究。他发现，当一个请求者向一个资源分配者要求分配给他某种社会资源时，资源分配者首先考虑的是他们之间的关系，并采取与请求者交往的适当的交换规则。这显然是一个人情取向的社会所表现的特征。②

## 二 社会交换视角下的网络购物

随着网购的兴起，社会交换网络被部分学者运用于分析网购者的消费心理和相关行为。一方面，学者们聚焦消费本身，如周斯畏等人利用社会交换理论分析网络回购意图，研究表明购物习惯增加了情绪评价对延续性的影响，却削弱了理性评价对延续性意图的影响。③ 另一方面，学者们研究消费相关的数据生产与披露，如曾慧等基于交换

---

① Edua Foa and Uriel Foa, Societal Structures of the Mhind (Spring field: Thomas, 1974)

② 冯必扬:《人情社会与契约社会——基于社会交换理论的视角》,《社会科学》2011 年第 9 期。

③ Shih-Wei Chou and Chia-Shiang Hsu, "Understanding Online Repurchase Intention: Social Exchange Theory and Shopping Habit", *Information Systems and e-Business Management*, Vol. 14, No. 1 (2016): 19-45.

理论探讨了在 C2C（Customer to Customer）网络环境下奖励计划对好评意愿和店铺评价的影响，该研究证实了在顾客满意的情况下参与奖励计划的努力程度越低，参与者的好评意愿和店铺评价就越高。[①]

西吉塔斯·乌尔博纳维丘斯（Sigitas Urbonavicius）等则是从社会交换理论出发，揭示了参与社交媒体的行为强烈影响了消费者在网络购买中披露个人数据的意愿，社交互动产生的信任是在网上购买时愿意披露个人数据的重要前提，但社交媒体互动和对监管系统保证的感知也间接影响披露意愿。[②]

目前大多数对于网络消费的研究，多是聚焦于分析部分或整体的消费者，并未从微观的角度切入，分析社会交换理论视角下购物中的线上人际交流对网购本身的影响。线下购物许多时候依靠地域和熟人社交能够快速地建立起信任，并且在多次回购中加深这种信任关系。而线上购物中的人际交往信任机制则涉及多方面的购物线索和社交网络。1964 年，布劳曾对经济交换和社会交换进行区分，他认为经济交换是指双方强调经济利益、明确责任义务的短期关系，而社会交换是一种以信任作为基础、不规定明确义务的长期关系。网购行为是以经济交换为目的，但社会交换则贯穿始终。在一些官方旗舰店，信任更多依靠的是品牌效力，而我们这里所谈论的更多是自营商家。

回到一开始的例子，刘燕在网购中纠结的考量就可以从社会交换理论的视角进行分析。刘燕通过购物平台与卖家进行交流，获得更多关于商品的详细信息。同时买家答疑板块也提供了买家与买家之间的交流空间，让刘燕获得更多真实的反馈。在与各方的交流中，刘燕衡

① 曾慧、郝辽钢、于贞朋：《好评奖励能改变消费者的在线评论吗？——奖励计划在网络口碑中的影响研究》，《管理评论》2018 年第 2 期。

② Sigitas Urbonavicius, et al., "From Social Networking to Willingness to Disclose Personal Data When Shopping Online: Modelling in the Context of Social Exchange Theory", *Journal of Business Research*, Vol. 136, No. 1 (2021): 76-85.

量着消费的利益与风险。社会交换理论将人的互动行为看成一种有形或无形的社会交换行为，在网购活动中，有形的是商品和金钱的交换，无形的是以信任为核心的情感评价。对比于线下消费来说，线上消费的主要特征是，一切交流与交易透过互联网这一媒介。琳达·莫姆（Linda Molm）等学者认为，当交换发生时，在没有明确的谈判或有约束力的协议的情况下，合作伙伴之间更有可能产生信任。在这种情境下，交换的风险和不确定性也为合作伙伴提供了证明其可信度的机会。[①] 在网络购物的语境中，各方利益的交杂让社会交换的范围扩大，层次也更复杂，分析其中多线交织的人际交流，不仅能够从中观的人际传播视角分析影响网购消费决策的影响因素，或许还能够反过来拓展社会交换理论的内涵。

## 第三节　叙事和意义建构：传播就是讲故事

在古代，巫祝在篝火前上下窜动，口中念念有词，唱着祷祝，询问着神灵是否应该向另一个部落宣战。周围的部落村民虔诚地围坐，期待着上苍能够收到自己献上的敬意，以及对自己接下来的行动予以回应。

在现代，凭借着微信、微博等社交媒体平台，我们和好友、陌生网友等形成错综复杂的社会网络。在数字交往中，八卦、段子、奇葩经历、职场吐槽等多样内容不断流通着，构建出当代社会的意义之网。

自古以来，我们就爱讲故事。古人用神话来讲故事，讲给同胞听，讲给想象中的神灵听。现代人用键盘、语音条和视频来讲故事，讲给熟人听，讲给陌生人听。在讲故事中，我们生成了意义，分享了经历，

---

① Linda D. Molm, Nobuyuki Takahashi and Gretchen Peterson, "Risk and Trust in Social Exchange: An Experimental Test of a Classical Proposition", *American Journal of Sociology*, Vol. 105, No. 5 (2000): 1396–1427.

从而获得更紧密的联结。

那么，有没有什么样的理论，能够概括我们热爱叙事，并以此传播的现象呢？这一现象背后的机制、影响又是几何？接下来我们以叙事理论为钥匙，一起打开叙事传播的大门。

## 一 理论前史：逻各斯、修辞和叙事范式

在开始探讨叙事理论之前，我们需要知道，这个理论是在和谁对话，如此方能更好地理解这个理论的主要宗旨和研究目的。事实上，修辞学出身的叙事理论，对话的对象正是以理性、逻辑为代表的理性世界范式（rational world paradigm）。

作为理性世界范式的核心概念，逻各斯（logos）能够帮助我们了解这个范式的主要观点。逻各斯在希腊语中的含义为"单词""理性""计划"，在古希腊先哲的论述中多有被提及。在古希腊时期，逻各斯往往是理性的一种代称。譬如，公元前6世纪的哲学家赫拉克利特（Heraclitus）便认为逻各斯类似于人类的推理能力，后续柏拉图（Plato）、亚里士多德（Aristotle）等哲学家进一步发展了这个概念。而在基督教的神学观念中，耶稣的"道成肉身"这一中心命题中，所谓的"道"（the Word）亦与逻各斯紧密相连。在犹太人的观点中，智慧是吸引着人们走向上帝的神圣力量，人们遵循着主的"道"（即主的话语），与之一致，便能接近神圣。[1] 简言之，逻各斯既是理性的化身，又是一种追求本质的抽象的存在。自文艺复兴以来，崇尚理性、实证的经验主义者更是大力地发扬这种理性主义的精神。诸如弗兰西斯·培根（Francis Bacon）、勒内·笛卡尔（Rena Descartes）、约翰·洛克（John Locke）等经验主义者为理性世界范式的谱系添上了

---

[1] Encyclopedia Britannica, "Logos", https://www.britannica.com/topic/logos, last accessed: 11 Jan. 2024.

浓墨重彩的一笔。

　　然而，本文无意对西方的理性传统进行详尽梳理，而是旨在提出，在学术思想史上，理性、逻辑和智慧在很长一段时间中居于庙堂之上，被奉为正典。这些思想的支持者往往认为，人是理性动物，在论辩时，需要使用结构严明的逻辑结构，修辞、叙事等主题，则往往被视为"奇技淫巧"而受到忽视。①

　　对于这种与现实生活联系松散的理性观，沃尔特·R.费舍尔（Walter R. Fisher）提出了更贴合社会实际的叙事范式（narrative paradigm）理论，重申"修辞""叙事人"（homo narrans）和"故事"等一系列概念的重要性。他认为，在一系列哲学家、神学家和科学家争夺逻各斯未果的情况下（没有一种流派或者范式能够完全将之占为己有，或是拥有完全的解释权）②，最好的方法应该是承认人的"叙事性"。

　　在此前提下，费舍尔提出了叙事范式的五项理论预设：（1）人类本质上是讲故事的人；（2）人类决策和传播的模式是"充分理由"（good reasons）；（3）"充分理由"的判断由历史、成长经验、文化和人物特点等因素决定；（4）叙事理性是由人作为叙事生物的本质决定的，人们根据这种内在理性，来判断一个故事是否具有连贯性、可能性和忠实性；（5）世界是一系列故事，个体必须从中选择，以便在不断发展的过程中过上美好生活。③

　　在具体实践中，叙事范式的优势又在哪呢？以往的理性观要求我们在传播时，需要掌握逻辑推理，重视事实和经验，然而却忽略了神话、想象的价值。试想我们在日常生活中，绝大部分人的沟通压根用

---

① 邓志勇：《叙事、叙事范式与叙事理性——关于叙事的修辞学研究》，《外语教学》2012 年第 4 期。

② Walter R. Fisher, "The Narrative Paradigm: in the Beginning", *Journal of Communication*, Vol. 35, No. 4 (1984): 74-89.

③ Walter R. Fisher, "Narration as a Human Communication Paradigm: The Case of Public Moral Argument", *Communication Monographs*, Vol. 51, No. 1 (1984): 1-22.

不上演绎严密的推理和辩论。夸张点说，相当一部分受教育程度低的群体可能对于逻辑推理都不甚熟悉。而叙事范式却能够为所有人"赋权"，以一种所有人都能够理解的方式，构建共享的意义空间。如果我们摒弃争论性（argumentive）的沟通方式，转而采用叙事的方式来和他人相遇、共鸣，或许马丁·布伯（Martin Buber）所说的"我和你"[①]的主体间性的实现便近在咫尺。

## 二 概念桥接：传播叙事意义构建理论

尽管费舍尔在理性的海洋中打捞出了叙事这枚珍珠，可是自他而始的叙事转向，往往在文学、哲学等交叉领域打转，研究方法偏重定性，缺乏广泛的量化基础。

接下来介绍的传播叙事意义建构理论（Communicated Narrative Sense-Making Theory），用质化、量化混合的方式，将叙事、传播以及意义建构间的关系操作化和命题化，并据此构建了理论体系。

乔迪·凯尼格·凯勒斯（Jody Koenig Kellas）等研究者在实证研究的基础上，将传播叙事意义建构理论抽象为三大启发（heuristics）以及七个大命题（propositions），见下表[②]。

表 1 乔迪·凯尼格·凯勒斯对传播叙事意义建构理论的抽象

| 启发 | 命题 |
|---|---|
| 回顾性故事讲述（retrospective storytelling） | 命题 1：故事的内容揭示了个体的、群体的，以及代际的意义创造、价值观和信仰 |
| | 命题 2：积极构建的回顾性故事讲述与个人、群体的健康和幸福水平呈现正相关关系 |

---

① ［德］马丁·布伯：《我和你》，浙江人民出版社，2017。

② Dawn O. Braithwaite and Paul Schrodt, eds., *Engaging Theories in Interpersonal Communication: Multiple Perspectives*, 3rd ed. (New York: Routledge, 2021), pp.119-123.

| 启发 | 命题 |
|---|---|
| 交互性故事讲述（interactional storytelling） | 命题3：交互性意义构建（ISM，Interactional Sense-Making）水平与叙事性意义构建的（narrative sense-making）水平呈正相关关系 |
| | 命题4：交互性意义构建的水平与个体、群体的健康和幸福水平呈正相关关系 |
| | 命题5：沟通观点的采纳（communicated perspective-taking）水平与个体、群体的健康和幸福水平呈正相关关系 |
| 转化性故事讲述（translational storytelling） | 命题6：可促进叙事反思与意义建构的干预，对情境处于困难、创伤、疾病或焦虑等情境的参与者有所裨益 |
| | 命题7：包含积极的叙事构建技巧或高水平的交互性意义构建的干预，对处于困难、创伤、疾病或压力的个体和家庭有所裨益 |

　　面对这一套复杂的理论体系，我们首先要理解的是，回顾、交互和转化这三个启发性概念到底是什么意思。对于日常生活中的叙事，我们往往需要关注其讲了什么故事、故事是用什么方式来讲的，以及故事最后取得了什么效果。回顾性故事讲述主要关注的是人际传播叙事中的文本问题；交互性故事讲述关注的是故事如何以"口头或非口头"的方式被讲述出来；转化性故事讲述在综合故事文本，以及叙事的方法、机制的基础上，试图探究积极的故事讲述对于个人和群体的健康和幸福（包括身体、精神、情绪，以及关系健康等多维度的指标）有何影响。

　　接下来，我们再一起来理解一下命题中出现的关键概念——交互性意义构建。交互性意义构建是一种理解互动过程的基本框架，这种行为包括四种指标，分别是：（1）参与度（engagement），指的是故事讲述者在讲故事时的热情和投入程度；（2）轮换（turn-taking），由动态性（打断、阐述、补充）和轮换分配（谈话时间）组成；（3）沟通的观点采纳，是指互动伙伴通过沟通的方式关注和确认对方观点的程度；（4）连贯性，是指讲故事的组织和整合的程度。举个例子，在小团体的叙事和意义构建中，如果成员之间通过沟通改变意见叙事的人能够用更高的热情与他人互动（高参与度），在交流时能够遵循一定规则去积极地推动相互交流（高轮换水平），以及团体内部能够创造富有意义的故事（连贯性），往往成员的内部满意度和团结度都高于那些没有交互性意义构建行为的团体成员。①

总的看来，这一理论的强势之处在于操作性、可验证性，以及有效性。其一，操作性体现在理论中的概念基本都抽象自作者和其他研究者的实证工作，理论中的变量及其指标和参数，大部分都经过信效度检验。这也为后续的研究者沿用此框架展开研究提供了便利。其二，凯勒斯在传播叙事意义建构理论框架中提供了关系清晰的命题供后续研究者验证。如表1所示，命题2到命题7基本都描绘了变量的相关性。值得注意的是，命题1由于涉及故事内容的评估，缺乏一定的量化标准来衡量。其三，传播叙事意义建构理论并非建构在沙滩的虚幻城堡，也非坐而论道的理论，它有着现实关切，试图以叙事为钥匙解决现实问题。当然，这一理论亦有一些值得商榷之处：一方面，其中的一些理论建构如意义、价值、信念等仍需加强概念化；另一方面，传播叙事意义建构理论的研究语境和研究人群主要聚焦在西方，对于其他族裔、其他文化中的叙事特征、人际叙事的影响等的探索有所欠缺。

通过上面的"理论轰炸"，想必你已经对叙事、叙事机制，以及叙事造成的影响有了初步的了解。然而，叙事和传播本身，尤其是人际传播如何接合仍是一个问题。凯勒斯的理论告诉我们，人际传播的叙

---

① Jody Koenig Kellas and April R. Trees, "Rating Interactional Sense-Making in the Process of Joint Storytelling" in Valerie Manusov, ed., *The Sourcebook of Nonverbal Measures: Going Beyond Words* (Mahwah, NJ: Erlbaum, 2005), pp.281-294.

事中，叙事的文本、叙事的方式对个人或群体的健康和幸福至关重要，并呼吁对叙事的干预。这种口头或非口头的叙事在现实语境中有着较强的说服力。而在新媒体的语境中，传播中的叙事、意义创建、价值共享、叙事转化的疗愈作用仍然有待探究。

## 第四节　"陌生人关系"：互联网社交与新型人际关系趋势

互联网让陌生人社交变得普遍。从早期的聊天室到现在的社交媒体，我们在互联网中频繁地与陌生人接触、互动甚至建立亲密关系。网络成为我们结识陌生人的重要场所，这也产生了新型的"陌生人关系"。最近，上网找"搭子"成为年轻人新潮的社交方式。

小崔背井离乡，来到外地就职。因人生地不熟，在本地也没有朋友，小崔经常在网上找"搭子"，结交新伙伴。"我会在小红书上发帖，找'饭搭子''跳舞搭子''city walk 搭子'。这些人后来大多都成了我的朋友。我一个人在外地也不再感到孤单了。"同事小丽虽然是本地人，她的亲戚、朋友都在身边，但她还是会上网找"搭子"一起玩。"亲戚往往话不投机，朋友也都有自己的工作，没办法随时约出来。不如找个'搭子'各取所需。"

从"网络群组""在线交友"到"搭子社交"，"陌生人关系"似乎挤压了亲缘关系与友缘关系的既有位置，成为社会关系中新的重要组成部分。本节通过回顾陌生人理论，从陌生人交往的视角，重新看待互联网社交。

## 一　外来人：齐美尔提出的陌生人概念

1908 年，德国社会学家格奥尔格·齐美尔（Georg Simmel）在其著作《社会学》一书中提出"陌生人"（der Fremde/the stranger）这一概念。齐美尔以犹太商人为例，将进入并停留在某一特定空间群体的外来者称为陌生人。陌生人作为外来者，具有该群体所不具备的外部特质。同时，他进入并停留在这一特定的群体空间，"既要置身于群体之外，又要面向群体"，或多或少地与人们产生互动。①

齐美尔强调了"空间联系"（spatial relation）在人际关系方面的重要性，指出空间联系"既是人际关系形成的条件，又是人际关系的象征"。陌生人与这一特定群体的特殊关系呈现出"远与近的统一"，即空间上接近，关系上疏远。正如齐美尔所言，"陌生人或多或少会与每个人接触，但不会通过亲缘、地域或职业等既定关系与任何一个人有机地联系在一起"。② 这种关系表明，陌生人可能是空间意义上的群体成员，但不是社会意义上的群体成员。他进入了群体，但不一定融入群体。他既远又近，既熟悉又陌生。③

齐美尔认为这种远与近统一的陌生人关系是一种"非常积极的关系"。他指出，陌生人的外部性使其更具客观性，能够摆脱系统规范与承诺的约束，以更加客观、自由的态度感知、理解与评价既定事物。但与此同时，陌生人的行动不受习惯、信仰和先入之见的束缚，也为群体带来了"危险的可能性"。④

## 二 社会融入：移民社区、乡村社区与边缘群体的跨文化交流

自 20 世纪以来，全球化、城市化（城镇化）浪潮加剧，关于身份政治的讨论开始兴起。研究者关注到边缘群体和弱势群体的生存困境，以应对人口流动带来的挑战。齐美尔的陌生人概念在这一领域得到继承与发

---

① Georg Simmel, *The Sociology of Georg Simmel* (New York: Free Press, 1950), p.402.

② Georg Simmel, *The Sociology of Georg Simmel* (New York: Free Press, 1950), pp.402-404.

③ Dale S. Mclemore, "Simmel's 'Stranger': A Critique of the Concept", *Pacific Sociological Review*, Vol.13, No.2 (1970): 86-94.

④ Georg Simmel, *The Sociology of Georg Simmel* (New York: Free Press, 1950), pp.404-405.

展，推动了对"新来者"（the newcomer）[①]、"边缘人"（the marginal man）[②]等群体的研究。同时这一概念也发展出了社会距离（social distance）[③]、异质性（heterophily）[④] 和世界主义（cosmopoliteness）[⑤] 等重要概念[⑥]。

　　这一研究路径与社会融入和社会变革等一系列问题相关，涵盖了新社会关系的建立、新来者的排斥与同化、陌生人对既定群体社会结构与文化的影响，以及陌生人在群体中的社会地位与社会心理过程等问题[⑦]。这一类型的研究主要聚焦于特定的移民经历[⑧]，

---

① Margaret Mary Wood, *The Stranger a Study in Social Relationships* (New York: Columbia University Press, 1934). Alfred Schütz, "The Stranger: An Essay in Social Psychology", *American Journal of Sociology*, Vol.49, No.6 (1944): 499–507.

② Robert E. Park, "Human Migration and the Marginal Man", *American Journal of Sociology*, Vol.33, No.6 (1928): 881–893. Everett V. Stonequist, "The Problem of the Marginal Man", *American Journal of Sociology*, Vol.41, No.1 (1935): 1–12. Everett V. Stonequist, *The Marginal Man: A Study in Personality and Culture Conflict* (New York: Russell & Russell, 1937).

③ Robert E. Park, "The Concept of Social Distance: As Applied to the Study of Racial Relations", *Journal of Applied Sociology*, Vol.8 (1924): 339–334. Emory Stephen Bogardus, "A Social Distance Scale", *Sociology & Social Research*, Vol.17 (1933): 265–271.

④ Paul F. Lazarsfeld and Robert K. Merton, "Friendship as a Social Process: A Substantive and Methodological Analysis", in Morroe Berger, et al., eds., *Freedom and Control in Modern Society* (New York: Octogon Books, 1964), pp. 18–66. Everett M. Rogers and Dilip K. Bhowmik, "Homophily-Heterophily: Relational Concepts for Communication Research", *Public Opinion Quarterly*, Vol.34, No.4 (1970): 523–538.

⑤ Robert K. Merton, "Patterns of Influence: Local and Cosmopolitan Influentials", *Social Theory and Social Structure*, Vol.2 (1957): 387–420.

⑥ Everett M. Rogers, "Georg Simmel's Concept of the Stranger and Intercultural Communication Research", *Communication Theory*, Vol.9, No.1 (1999): 58–74.

⑦ Dale S. Mclemore, "Simmel's 'Stranger': A Critique of the Concept", *Pacific Sociological Review*, Vol.13, No.2 (1970): 86–94. Rudolf Stichweh, "Strangers, Inclusions, and Identities", *Soziale Systeme*, Vol.8, No.1 (2002): 101–109.

⑧ Robert E. Park, "Human Migration and the Marginal Man", *American Journal of Sociology*, Vol.33, No.6 (1928): 881–893. Margaret M. Wood, *The Stranger a Study in Social Relationships* (New York: Columbia University Press, 1934). Morley Beiser and Morton Beiser, *Strangers at the Gate: The "Boat People's" First Ten Years in Canada* (Toronto: University of Toronto Press, 1999). Roger Waldinger, ed., *Strangers at the Gates: New Immigrants in Urban America* (Oakland: University of California Press, 2001).

以及移民政策和模式<sup>①</sup>等方面的问题，并从公民与非公民的二元对立<sup>②</sup>、种族研究<sup>③</sup>以及民族主义和差异<sup>④</sup>等方面进行延伸<sup>⑤</sup>。在中国，针对流动人口，特别是 20 世纪 90 年代兴起的、关于农村流动人口的研究也受到这一研究传统的影响。例如，张鹂将到城市务工、经商的"农民"称作"城市里的陌生人"<sup>⑥</sup>，孙皖宁将农村进入城市的女性家政人员形容为"亲密的陌生人"（intimate stranger）<sup>⑦</sup>。这些研究突出了农村人口在城市中体验到的深刻的边缘化与疏离感。

对于"边缘人"的重视强化了对社会排斥的分析。一方面，对"新来者""边缘人"的认识构建了我们与陌生人的主客体关系。我们将陌生人视为客体，以我或我所在群体为主体，看待异质性的他人，树立二元对立且常常是消极的想象。这一想象引发了群体对陌生人的同化或排斥需求，忽略陌生人及其所属群体的独特性与价值，以一种假定的消极态度，收缩了对陌生人的想象。另一方面，对"新来者""边缘人"的分析揭示了主导社会文化规范、地方群体规范对陌生人关系的基础性影响。对陌生人能够按群体规范行事的愿望隐含了一种不平等的权力关系，这影响了与陌生人的互动方式。例如，严海

---

① Caroline, "Nigerian London and British Hong Kong: Rethinking Migration, Ethnicity and Urban Space through Journeys", *Identities*, Vol.19, No.4 (2012): 510-519.

② Jeffrey C. Alexander, "Rethinking Strangeness: From Structures in Space to Discourses in Civil Society", *Thesis Eleven*, Vol.79, No.1(2004): 87-104. Katarzyna Marciniak, *Citizenship, Exile, and the Logic of Difference* (Minneapolis: University of Minnesota Press, 2006).

③ Danielle S. Allen, *Talking to Strangers. Anxieties of Citizenship Since Brown v. Board of Education* (Chicago: University of Chicago Press, 2006).

④ Julia Kristeva, *Strangers to Ourselves* (New York: Columbia University Press, 1991).

⑤ Mervyn Horgan, "Strangers and Strangership", *Journal of Intercultural Studies*, Vol.33, No.6 (2012): 607-622.

⑥ 张鹂:《城市里的陌生人：中国流动人口的空间、权力与社会网络的重构》，江苏人民出版社，2014。

⑦ Wanning Sun, *Maid in China: Media, Morality, and the Cultural Politics of Boundaries* (NewYork: Routledge, 2009).

蓉在对农村家政女工的研究中强调了城市用工者对农村女工的"素质"的要求①。

## 三　陌生人社会：陌生人交往与人际关系的回归

社会原子化②、城市陌生人化③的趋势使得陌生人作为个体意义上关系主体的身份浮现了出来。"陌生不再是一种需要克服的短暂状况，而是一种生活方式。"④在陌生人社会中，彼此都是对方的陌生人，人与人之间的交往变得重要起来。

虽然齐美尔强调了陌生人的潜在积极影响，但人们对陌生人的警惕心理仍占据主流。陌生人往往被视为"危险的"，与可能遭遇的性骚扰⑤、暴力⑥和儿童侵害⑦等威胁相关。在中国，陌生人往往不被人

① Hairong Yan, "Self-Development of Migrant Women and the Production of Suzhi (Quality) As Surplus Value", in Madeleine Yue Dong and Joshua Lewis Goldstein, ed., *Everyday Modernity in China* (Seattle: University of Washington Press, 2006), pp. 227-259.

② David J. Lewis and Andrew J. Weigert, "Social Atomism, Holism, and Trust", *The Sociological Quarterly*, Vol.26, No.4 (1985): 455-471.

③ Julie Meyer, "The Stranger and the City", *American Journal of Sociology*, Vol.56, No.5 (1951): 476-483.

④ Lesley D. Harman, *The Modern Stranger: On Language and Membership* (Vol. 47)(Berlin: Walter De Gruyter, 2011), p.44.

⑤ Kimberly Fairchild and Laurie A. Rudman, "Everyday Stranger Harassment and Women's Objectification", *Social Justice Research*, Vol.21 (2008): 338-357. Ross Macmillan, Annette Nierobisz and Sandy Welsh, "Experiencing the Streets: Harassment and Perceptions of Safety Among Women", *Journal of Research in Crime and Delinquency*, Vol.37, No.3 (2000): 306-322. Fiona Vera-Gray, Men's Stranger Intrusions: Rethinking Street Harassment (paper presented at the Women's Studies International Forum, Pergamon, September 2016), pp.9-17.

⑥ Marc Riedel, "Stranger Violence: Perspectives, Issues, and Problems", *The Journal of Criminal Law and Criminology*, Vol.78, No.2 (1987) : 223-258. Marc Riedel, *Stranger Violence: A Theoretical Inquiry* (New York: Garland, 1993).

⑦ Ellen Moran, et al., "Stranger-Danger: What Do Children Know?", *Child Abuse Review: Journal of the British Association for the Study and Prevention of Child Abuse and Neglect*, Vol.6, No.1 (1997): 11-23. Jenny Kitzinger, "The Ultimate Neighbour from Hell? Stranger Danger and the Media Framing of Paedophilia", in Yvonne Jewkes and Gayle Letherby, ed., *Criminology: A Reader* (New York: Sage, 2002), pp.145-159.

们信任。在一项大型社会调查中，只有不到 30% 的中国人愿意信任陌生人[1]。在传统中国，亲缘关系和地缘关系在社会、政治和道德生活结构中占据中心地位[2]，陌生人一度被排除在"关系"的认知范围外[3]。自改革开放后，活跃的经济活动和人口流动使得拐卖、诈骗、敲诈勒索等恶性社会事件日益频发，这加深了人们对陌生人的不信任。"小悦悦事件""南京彭宇案"等恶性事件引发了广泛而深刻的社会信任危机。陌生人交往与对陌生人的道德想象相勾连，演变成一种道德选择[4]，这反映出中国人对于陌生人的更深刻的疏离感。

但是，互联网的兴起使线上陌生人社交变得日益频繁，人们开始积极地向陌生人寻求社会支持。"网友"这一新的关系类型显示出陌生人社交的关系潜力。通过自我表露与交流互动，陌生人在社交媒体上建立了"友谊"，实现情感交流[5]，甚至增强了幸福

---

① 饶印莎、周江、田兆斌、杨宜音：《城市居民社会信任状况调查报告》，载杨宜音、王俊秀主编《社会心态蓝皮书：中国社会心态研究报告（2012～2013）》，社会科学文献出版社，2013，第71~93页。

② 费孝通：《乡土中国》，上海人民出版社，2013。Francis Fukuyama, "Social Capital and the Global Economy", *Foreign Affairs*, Vol.74, No.5 (1995): 89-103. Yunxiang Yan, "Chapter One: The Changing Moral Landscape", in Arthur Kleinman, et al. eds., *Deep China: The Moral Life of the Person* (Oakland: University of California Press, 2011), pp.36-77.

③ Jingjing Yao, et al., "Understanding the Trust Deficit in China: Mapping Positive Experience and Trust in Strangers", *Organizational Behavior and Human Decision Processes*, Vol.143 (2017): 85-97.

④ Haiyan Lee, *The Stranger and the Chinese Moral Imagination* (Redwood: Stanford University Press, 2014). Yunxiang Yan, "The Good Samaritan's New Trouble: A Study of the Changing Moral Landscape in Contemporary China", *Social Anthropology/Anthropologie Sociale*, Vol.17, No.1 (2009): 9-24.

⑤ Ronald E. Rice and Gail Love, "Electronic Emotion: Socioemotional Content in a Computer-Mediated Communication Network", *Communication Research*, Vol.14, No.1(1987): 85-108. Joseph B. Walther, et al., "Interpersonal and Hyperpersonal Dimensions of Computer-Mediated Communication", in Shyam S. Sundar, ed., *The Handbook of the Psychology of Communication Technology*. New York: John Wiley & Sons, 2015), pp.1-22. Katrin Döveling, "Emotion Regulation in Bereavement: Searching for and Finding Emotional Support in Social Network Sites", *New Review of Hypermedia and Multimedia*, Vol.21, No.1-2 (2015): 106-122.

感[①]。在一些疾病互助小组中，陌生人组成的线上社区为患者及其家属提供了医疗信息与经验，以及情感支持[②]。另外，网恋也成为当代体验亲密关系的重要方式[③]。

陌生人的线上社交，减弱了面对面互动中可能遭遇的身体伤害与恐惧，增强了交往的趣缘特性。在线上陌生人社交中，脱离了亲缘与地域条件的限制，陌生人社交更关注相同的兴趣与需求。例如在不同网络群组中的交流，以及最近流行的"搭子"社交[④]。同时，性别、年龄、学历、地理距离等传统社交因素的影响虽有所减弱，但总体上也得到了确认与加强。

线上陌生人社交成为新的个人关系的来源，这也对个人的既定关系构成挑战。与陌生人建立关系涉及新关系与旧关系的融合与协调的复杂过程[⑤]，基于中国偏远农村社交媒体使用与陌生人交往的分析提供了可供参考的案例。在汤姆·麦克唐纳德（Tom McDoald）[⑥]、何海狮与邓国

---

① Paul AM Van Lange and Simon Columbus, "Vitamin S: Why Is Social Contact, Even with Strangers, So Important to Well-Being?", *Current Directions in Psychological Science*, Vol.30, No.3 (2021): 267-273. Victoria Zeeb and Helene Joffe, "Connecting With Strangers in the City: A Mattering Approach", *British Journal of Social Psychology*, Vol.60, No.2 (2021): 524-547.

② Shirly Bar-Lev, "'We Are Here to Give You Emotional Support': Performing Emotions in an Online Hiv/Aids Support Group", *Qualitative Health Research*, Vol.18, No.4 (2008): 509-521. Kang Namkoong, et al., "The Effects of Expression: How Providing Emotional Support Online Improves Cancer Patients' Coping Strategies", *Journal of the National Cancer Institute Monographs*, Vol.47 (2013): 169-174.

③ Machael J. Rosenfeld, Reuben J. Thomas and Sonia Hausen, "Disintermediating Your Friends: How Online Dating in the United States Displaces Other Ways of Meeting", *Proceedings of the National Academy of Sciences*, Vol.116, No.36 (2019): 153-158.

④ 王昕迪、胡鹏辉：《搭子社交：当代社会青年新型社交趋势与形成逻辑》，《中国青年研究》2023 年第 8 期。

⑤ Margaret M. Wood, *The Stranger a Study in Social Relationship*s (NewYork: Columbia University Press, 1934).

⑥ Tom Mcdonald, "Strangership and Social Media: Moral Imaginaries of Gendered Strangers in Rural China", *American Anthropologist*, Vol.121, No.1 (2019): 76-88.

基①的两项代表性研究中，研究者发现，位于中国偏远农村的熟人社区中，村民借助手机微信"摇一摇"和 QQ "附近的人"等功能发展陌生人关系，积极寻找浪漫关系，甚至发展婚外情。建立与外部的陌生人关系将对内部既有的婚姻关系造成破坏性影响，这进而导致村民对"陌生人关系"的负面想象。在这一情境下，手机使用者为减弱陌生人关系对既有社会形象与社会关系的威胁，采取了一系列手段避免陌生人与既定生活圈的可能联系。比如使用者会根据地理位置筛选交友对象，排除同一生活圈与熟人的可能性；依靠暗号向情人发送可以外出的信号②；使用两部手机，一部用于正常的社会交往，另一部用于陌生人交往③；定期删除有问题的谈话记录④等。当陌生人关系暴露时，群体规范往往会对群体成员施以强烈的道德约束。例如，在何海狮和邓国基的田野案例中，一村民李氏的婚外情被发现时，她不仅受到村民的指责，还被认为"让村子蒙羞"，因此其丈夫不得不花 4 万元请了一个道士来"洗村子"，并宴请所有人⑤。

## 四 关系转向：从"陌生人"到"陌生人关系"

默文·霍根（Mervyn Horgan）提出了"陌生人关系"（strangership）

---

① Haishi He and Chris K. Tan, "Strangers in the Borderlands: Wechat and Ethical Ambiguity in Yunnan, China", *Chinese Journal of Communication*, Vol.14, No.2 (2021): 123-138.

② Haishi He and Chris KK Tan, "Strangers in the Borderlands: Wechat and Ethical Ambiguity in Yunnan, China", *Chinese Journal of Communication*, Vol.14, No.2 (2021): 123-138.

③ Tom Mcdonald, "Strangership and Social Media: Moral Imaginaries of Gendered Strangers in Rural China", *American Anthropologist*, Vol.121, No.1 (2019): 76-88.

④ Julie Soleil Archambault, *Mobile Secrets: Youth, Intimacy, and the Politics of Pretense in Mozambique* (Chicago: University of Chicago Press, 2019).

⑤ Haishi He and Chris KK Tan, "Strangers in the Borderlands: Wechat and Ethical Ambiguity in Yunnan, China", *Chinese Journal of Communication*, Vol.14, No.2 (2021): 123-138.

这一概念，突出对陌生人关系特征的分析，以此来替代对陌生人分析的类型化趋势。正如友谊（friendship）是朋友（friend）的关系形式一样，陌生人关系（strangership）被视为陌生人（stranger）的关系形式。霍根提出建立和维持陌生人关系需要的三个基本条件：空间和时间上的共在，保持相互认同的社会距离，以及空间、社会和象征上的流动性[①]。

标准化界定为陌生人关系的识别提供了参考，但也有可能限制我们对陌生人关系的复杂性与多样性的理解。麦克唐纳德进一步主张以人类社会中的多样化的陌生人实践为依据，细致界定陌生人关系与其他关系模式（如亲缘关系和友缘关系）的不同之处，以此来更好地理解陌生人关系。他在中国偏远农村的民族志调查，提醒我们关注陌生人在不同文化中所具有的不同含义[②]。同时，不同场景中的陌生人关系也值得关注。特别是在互联网环境中，陌生人社交日益频繁，各种新型关系类型正冲击着传统社会关系模式。用陌生人关系的新视角重新观察互联网社交，可能会带来不一样的发现。

## 第五节　逝者的社交留言：社交媒体哀悼

林洁去世了，因为洗澡时的煤气泄漏。年方十九的她，开朗活泼，学习认真，爱情甜蜜，挥别高中进入人生的新阶段，一切美好本该如画卷般展开，却不料她的人生戛然而止。闻讯而来的朋友们为她送别，完成线下最后的仪式。但这一场哀悼并未就此结束，林洁的 QQ 空间留言板成了朋友们漫长怀念的寄托。留言数量不断增长，但里面的内

---

① Mervyn Horgan, "Strangers and Strangership", *Journal of Intercultural Studies*, Vol.33, No.6 (2012): 607–622.

② Tom Mcdonald, "Strangership and Social Media: Moral Imaginaries of Gendered Strangers in Rural China", *American Anthropologist*, Vol.121, No.1 (2019): 76–88.

容随着时间的推移发生了变化：从一开始的表达悲恸与难以置信，到回忆往昔，再到分享生活中的喜悦与哀愁。似乎，朋友仍在，每一条信息只是已读未回。林洁的高中同学李含甚至在留言板上发现了自己的大学校友，她竟然是林洁的幼时玩伴，二人也因此有了更深的交集。哀悼与告别是每个人生命中无法避免的主题，社交媒体的普及让哀悼更具有想象力与持久性。那我们应该如何看待传统线下祭奠与数字哀悼的异同？人们通过何种方式在社交媒体上表达哀悼？这些表达遵循着什么样的规范？

## 一 "重回社区"的哀悼实践

死亡是所有生命的宿命，哀悼则是为了调解生者与逝者、死亡与社会的关系。根据托尼·沃尔特（Tony Walter）的划分，死亡与悼念的形态变化可以划分为四个阶段[①]。（一）前工业化时期的"传统型死亡"，个人在所处的家庭与社区中公开地死亡，悼念仪式遵循一种社区性的集体规范。（二）进入 20 世纪后，城市化、工业化时期的"现代型死亡"更为私密化，由于时空限制，对个体的哀悼局限于私人体验。（三）20 世纪后期至 21 世纪初，互联网的崛起让人们进入"后现代型死亡"，名人或者在特定情境下死亡的普通人会在大众媒体上得到大规模的公开纪念，但这并未改变大多数普通人死亡后仍然是私密化哀悼的现象。（四）社交媒体时代，用户生产内容（User Generated Content，UGC）让哀悼变为一种大众化的书写，网民不仅可以通过互联网对自己的亲人进行数字化哀悼，还可以通过社交账号对逝世的名人表达集体性怀念，这一阶段被沃尔特称为"社区的回归"，"所有人

① Walter Tony, "New Mourners, Old Mourners: Online Memorial Culture as a Chapter in the History of Mourning", *New Review of Hypermedia and Multimedia*, Vol.21, No.(1-2)(2015):10-24.

都能看到送葬者，所有人都能听到敲钟声"[1]。

但此时的社区与前工业化时期显然存在区别，社交媒体所勾连起的社区要更为庞杂，除了亲朋好友，许多陌生人也可以通过公开的社交媒体平台表达悲痛与哀思，公众不再是处于私密空间进行个体式或想象共同体式的悼念，而是可以直接汇聚到社交媒体的公开空间，彼此交互、相互影响和情绪传染[2]。对于社交媒体时代的死亡来说，人际间的物理距离或许更远，但是社交媒体却让我们感受到前所未有的紧密。

## 二 数字遗产的永生与动态记忆的书写

电影《寻梦环游记》中有这样一句台词，"死亡不是生命的终点，遗忘才是"。社交媒体无疑为人们对抗遗忘、延续纪念与情谊提供了便捷的平台。逝者的社交账号作为数字遗产，上面放置着逝者的回忆与情感，保留了逝者生前的话语表达、在线行动与关系网络，是一种新型的"记忆装置"。逝者的社交账号不仅具有"可读"的公开性，更具有"可写"的交互性[3]；不仅围绕个体死亡本身，还围绕死亡形成了一定的社会交往空间。比如李文亮医生逝世后，其微博账号变成了一个持续开放的留言墙，人们在此表达缅怀之情，来自不同视角的记忆共同书写着李文亮医生的"人物志"。这种记忆装置能够通过技术手段被永久保留下来，比如 Facebook 和 Instagram 率先针对逝者开发了纪念账号，逝者的直系亲属有权申请账号状态变更，保留留言评论

---

① Walter Tony, "New Mourners, Old Mourners: Online Memorial Culture as a Chapter in the History of Mourning", *New Review of Hypermedia and Multimedia*, Vol.21, No.(1-2) (2015):10-24.

② Gillian Terzis, "Death Trends: Hashtag Activism and the Rise of Online Grief", *Kill Your Darlings*, No.22 (2015): 9-24.

③ 周葆华、钟媛:《"春天的花开秋天的风"：社交媒体、集体悼念与延展性情感空间——以李文亮微博评论（2020-2021）为例的计算传播分析》,《国际新闻界》2021年第 3 期。

和浏览博文的功能，但只限于已经添加的好友。

死亡和悲伤不是一个"一刀切"的事件，而是一个过程。周裕琼等人从传播学视角看待死亡，认为死亡"是一个由各方传播主体都参与进去，并被社会文化组装、建构而不断生成的过程"。[1] 数字媒介的参与让逝者经历了"死亡"后，极有可能再次经历"数字化死亡"的过程。学者针对这一过程，展开了不同面向的研究。许多学者聚焦社交媒体哀悼如何建构集体记忆的话题，他们的研究对象往往是某一重大历史事件或者某一名人，具体到人际互动层面则与记忆的复现、补充和协商相关；另外一些学者则关注悲伤情绪在数字媒介上如何被讲述和传播，如莫瓦·埃里克森·克托克（Moa Eriksson Krutrok）[2] 通过定性内容分析，研究了悲伤在 TikTok 上如何通过技术模板被表达出来，同时提出"算法亲密度"让哀悼者能够在算法塑造的安全空间中创造新型哀悼形式；一些学者关注数字媒体如何为哀悼者提供情感支持，如沃尔特的研究中提到一种不同于线下哀悼的情况——"为虚拟朋友的真实哀伤"（real grief for virtual friends），他提出网络互助小组和网络游戏这两种渠道可以帮助陌生人建立亲密联系，从而提供情感鼓励与支撑。[3]

## 三 社交媒体哀悼的伦理规范

数字媒介提供了新的悼念形式，账号是牌位的标志，浏览逝者的账号动态替代了线下的扫墓，转发评论则是悼词的网络延伸，线上公墓、纪念网页和周年悼念活动等成为网络空间里展示死亡的新型悼念形

---

[1] 周裕琼、张梦园:《未知死，焉知生：过程性视角下的死亡与传播》,《现代传播（中国传媒大学学报）》2023 年第 2 期。

[2] M. E. Krutrok, "Algorithmic Closeness in Mourning: Vernaculars of the Hashtag #Grief on TikTok", Social Media and Society, Vol.7, No.3 (2021).

[3] Walter Tony, "New Mourners, Old Mourners: Online Memorial Culture as a Chapter in the History of Mourning", *New Review of Hypermedia and Multimedia*, Vol.21, No.(1-2) (2015):10-24.

态。[①] 但新的形式也带来了新的考量："哀"和"悼"应如何匹配？应该通过何种"悼念"方式来表达内心的"哀伤"成为值得探讨的问题。为了体现哀悼的真诚度，许莹琪等认为需划分一定的边界。第一，区隔哀悼与日常行为，这里值得思考的是，表达悲伤是否会成为人设策划的一部分？第二，区隔观众。第三，区分哀悼者的身份，按照"合法哀悼者的等级制"(the hierarchy of legitimate mourners)，与逝者更为亲密的人被赋予更多表达悲痛的自由。[②] 除了表达的恰当性，我们更需考虑，线上线下的哀悼规范有何不同？线上线下并非二元对立的关系，而是延伸拓展的关系。正如科鲁纳（Korina）[③] 所说，社交媒体上的哀悼是"一种重新配置的哀悼形式，而不是一种全新的哀悼形式"。相较于线下哀悼，社交媒体哀悼最大的不同就是通过了数字媒介，那在探讨社交媒体哀悼的规范中，自然也侧重于技术相关的规范，其中包括与其他用户建立/取消好友关系、共享内容、评论和点赞其他用户的内容、标记其他用户、规范隐私设置等[④]。

如今，社交媒体已经成为表达哀思与悼念的重要媒介。除了悼念亲朋好友，许多生活中的陌生人也会成为悼念的对象，从"云奔丧"如 RIP（rest in peace，即逝者安息）到"云扫墓"，从哀悼者与逝者对话到哀悼者之间对话，其中涉及复杂的人际关系，有如开头提到的林洁的高中同学和幼时玩伴这种意外的交集，也有如豆瓣"数字公墓"中，有人因为共同悼念的人而成为相交甚密的朋友等等。有了社交媒

---

① 吴海荣、赵天照、伍艺涛：《媒介准入与象征哀悼：数字时代集体悼念的仪式与情感》，《青年记者》2022 年第 14 期。

② 许莹琪、董晨宇：《社交媒体中的哀悼行为与社会规范》，《新闻与写作》2019 年第 11 期。

③ Giaxoglou Korina, "'RIP Man... U Are Missed and Loved by Many'：Entextualising Moments of Mourning on a Facebook Rest in Peace Group Site", *Thanatos*, Vol.3, No.1 (2014)：10-28.

④ McLaughlin Caitlin, and Jessica Vitak, "Norm Evolution and Violation on Facebook", *New Media & Society*, Vol.14, No.2 (2012)：299-315.

体，记忆不再只是一个偶尔去拜访的实体坟墓，而是随时可能出现在移动设备上的数字提醒。理解社交媒体哀悼，实质上就是认识数字时代人际关系的持续性与延伸性，以及处理人与人之间的情感联结。

## 第六节　N-adic：基于多元受众的网络人际互动模式

传统面对面互动中，由于时空的限制，我们通常能够确定与自己互动的对象，并根据不同的社交情境调整自身的行为。但在网络平台的互动中，我们的信息常常被不可预料的人看见，这为我们的个人印象管理甚至人际关系管理增加了难度。

小王是一名高中生，同时是一名资深角色扮演玩家（cosplayer），他从初中开始就非常喜欢角色扮演（cosplay），会积极参加线下的漫展活动，并且跟朋友一起扮演喜欢的角色。小王的爸爸妈妈虽然不太理解，但也支持儿子的兴趣。小王还会将角色扮演的照片传到朋友圈中，朋友们总会在评论区积极互动。因为这一爱好，小王还在朋友圈中结识了不少同好。

一天家长会，小王送爸爸妈妈到教室门口，隐约感觉到有学生家长在看他。这时，他听到同班同学的家长正在跟自己孩子说："你得好好学习，别跟你那同学似的不务正业。"原来，自己分享在朋友圈的照片竟然在家长群里传开了，并且受到一些家长的负面评价。小王感觉莫名其妙，自己发在朋友圈的照片本就是给朋友看的，为什么要受到其他家长的监视和评价？但是，为了不让爸妈担心，小王把自己的朋友圈设置为"仅三天可见"，暗暗地决定再也不在朋友圈中发照片了。

小王的经历展现了互联网区别于面对面互动的"一对多"的互动模式。我们在自己的朋友圈中发布信息，但不能确定受众扩散到了哪里。即便我们有意识地划定传播范围，信息也总是"不胫而走"，还有可能以一种意料之外的方式重现在我们与他人的交往之中。

以往研究关注到基于互联网平台的自我披露所产生的隐私威胁[①]和印象管理负担[②]，提出"情境塌陷"[③]，并发展出一系列应对策略。如使用多个账户、删除同伴的帖子、设计组内互动语言等[④]。近来的研究将这一不确定受众的网络互动过程模式化，提出网络互动的多元受众结构（N-adic），将研究推向基于多元受众的网络人际互动过程[⑤]。本节通过介绍 N-adic 理论，补充这一研究的最新进展。

① Ralph Gross and Acquisti Acquisti, Information Revelation and Privacy in Online Social Networks (paper presented at the 2005 Acm Workshop on Privacy in the Electronic Society, Alexandria November, 2005), pp.71-80. Alessandro Acquisti and Ralph Gross, Imagined Communities: Awareness, Information Sharing, and Privacy on the Facebook (paper presented at the International Workshop on Privacy Enhancing Technologies, Berlin, June 2006), pp.36-58. Bernhard Debatin et al., "Facebook and Online Privacy: Attitudes, Behaviors, and Unintended Consequences", *Journal of Computer-Mediated Communication*, Vol.15, No.1 (2009): 83-108. Frederic D. Stutzman, Ralph Gross and Alessandro Acquisti, "Silent Listeners: The Evolution of Privacy and Disclosure on Facebook", *Journal of Privacy and Confidentiality*, Vol.4, No.2 (2013): 7-41.

② Joan M. Dimicco and David R. Millen, Identity Management: Multiple Presentations of Self in Facebook (paper presented at the 2007 Acm International Conference on Supporting Group Work, Florida, November 2007), pp.383-386. Jenny Rosenberg and Nichole Egbert, "Online Impression Management: Personality Traits and Concerns for Secondary Goals as Predictors of Self-Presentation Tactics on Facebook", *Journal of Computer-Mediated Communication*, Vol.17, No.1 (2011): 1-18.

③ Jessica Vitak, "The Impact of Context Collapse and Privacy on Social Network Site Disclosures", *Journal of Broadcasting & Electronic Media*, Vol.56, No.4 (2012): 451-470. Jenny L. Davis and Nathan Jurgenson, "Context Collapse: Theorizing Context Collusions and Collisions", *Information, Communication & Society*, Vol.17, No.4 (2014): 476-485.

④ Alice E. Marwick and Danah Boyd, "I Tweet Honestly, I Tweet Passionately: Twitter Users, Context Collapse, and the Imagined Audience", *New Media & Society*, Vol.13, No.1 (2011): 114-133. Alice E. Marwick and Danah Boyd, "Networked Privacy: How Teenagers Negotiate Context in Social Media", *New Media & Society*, Vol.16, No.7 (2014): 1051-1067.

⑤ Xiaoli Tian and Daniel A. Menchik, "On Violating One's Own Privacy: N-Adic Utterances and Inadvertent Disclosures in Online Venues", in Robinson L. et al., ed., *Communication and Information Technologies Annual:[New] Media Cultures(Vol. 11)* (Bingley: Emerald Group Publishing, 2016), pp. 3-30. Xiaoli Tian, "Embodied Versus Disembodied Information: How Online Artifacts Influence Offline Interpersonal Interactions", *Symbolic Interaction*, Vol.40, No.2 (2017): 190-211. Tony Zhiyang Lin and Xiaoli Tian, "Audience Design and Context Discrepancy: How Online Debates Lead to Opinion Polarization", *Symbolic Interaction*, Vol.42, No.1 (2019): 70-97.

## 一　N-adic：基于多元受众的人际互动模式

对于网络人际互动中多元受众特征的关注早已有之。在公开环境中（如博客、微博、脸书等），研究者将多元受众概述为博主自己的、已知的社交网络以及亲朋好友之外的更多受众[①]，如经常访问互动的核心受众、相对的外围受众[②]和多样化的朋友[③]等。在研究中，研究者倾向于将经常出现的、通常是评论者的受众视为核心受众，基于此构建"想象的社区"（imagined community）[④]与"想象的受众"（imagined audiences)[⑤]，而忽略了更广泛的、受遮蔽的"隐形观众"（invisible audience）[⑥]或"沉默听众"（silent listeners）[⑦]。

为观察与解释在不确定受众中的网络人际互动的实际过程，香港

① Bonnie A. Nardi, Diane J. Schiano and Michelle Gumbrecht, Blogging as Social Activity, Or, Would You Let 900 Million People Read Your Diary? (paper presented at the 2004 Acm Conference on Computer Supported Cooperative Work, Chicago, November 2004), pp.222-231.

② Fernanda B. Viégas, "Bloggers' Expectations of Privacy and Accountability: An Initial Survey", *Journal of Computer-Mediated Communication*, Vol.10, No.3 (2005): Jcmc10310.

③ Jens Binderet al, "Does Contact Reduce Prejudice Or Does Prejudice Reduce Contact? A Longitudinal Test of the Contact Hypothesis Among Majority and Minority Groups in Three European Countries", *Journal of Personality and Social Psychology*, Vol.96, No.4 (2009): 843-856.

④ Alessandro Acquisti and Ralph Gross. 2006. Imagined Communities: Awareness, Information Sharing, and Privacy on the Facebook", Paper Presented at the International Workshop on Privacy Enhancing Technologies, Berlin, June, pp.36-58.

⑤ Alice E. Marwick and Danah Boyd, "I Tweet Honestly, I Tweet Passionately: Twitter Users, Context Collapse, and the Imagined Audience", *New Media & Society*, Vol.13, No.1 (2011): 114-133.Eden Litt and Eszter Hargittai, "The Imagined Audience on Social Network Sites", *Social Media and Society*, Vol.2, No.1 (2016): 2056305116633482.

⑥ Danah Michele Boyd, Taken Out of Context: American Teen Sociality in Networked Publics (Phd Dissertation, University of California at Berkeley, Berkeley, 2008).

⑦ Frederic D. Stutzman, Ralph Gross and Alessandro Acquisti, "Silent Listeners: The Evolution of Privacy and Disclosure on Facebook", *Journal of Privacy and Confidentiality*, Vol.4, No.2 (2013): 7-41.

大学社会学副教授田晓丽与美国社会学学者丹尼尔·门奇克（Daniel Menchik）于 2016 年提出"N-adic"，将这一互动过程进一步概念化[①]。N-adic 的概念从二元互动（dyadic）和三元互动（triadic）的概念演变而来，强调互动者数量的影响[②]。田晓丽与门奇克以互动的实际参与者为核心构建"N-adic"互动框架。其中，数字 N 指实际参与互动的参与者人数，不包括未参与互动的观察者。田晓丽与门奇克指出，N-adic 互动所面向的是多领域交叉的受众，其隐蔽性使得在线披露者无法明确参与者的确切人数以及他们进入或退出互动的时间。

在关于博客环境中过度披露与隐私泄露的文章中，他们按照互动进程确定了三类实际受众："不确定的受众"（uncertain audience）、"合唱团"（chorus）和"有影响力的局外人"（influential outsiders）。其中，"不确定的受众"指在线披露者对其受众具有模糊性认识，通常发生于在线披露开始阶段且尚未有固定回应者时；"合唱团"指一群固定回应者，通常是在线披露者面对面交流的好友，但也有通过网络互动结识的人；"有影响力的局外人"指在线披露者其他社交圈的默默关注者，其作为非固定回应者，在突然加入互动时往往会让在线披露者感到意外与懊恼。"有影响力的局外人"的提出拓展了对实际受众的想象，回应了从"想象的受众"到"实际受众"的观察取向[③]。

同时，田晓丽与门奇克在 N-adic 互动过程中探究了在线过度披露与情境塌陷的成因。研究指出，在线披露受两种相互竞争的机制所制

---

① Xiaoli Tian and Daniel A. Menchik, "On Violating One's Own Privacy: N-Adic Utterances and Inadvertent Disclosures in Online Venues", in Robinson L., et al., eds., *Communication and Information Technologies Annual:[New] Media Cultures(Vol. 11)* (Bingley: Emerald Group Publishing, 2016), pp. 3-30.

② Tony Zhiyang Lin and Xiaoli Tian, "Audience Design and Context Discrepancy: How Online Debates Lead to Opinion Polarization", *Symbolic Interaction*, Vol.42, No.1 (2019): 70-97.

③ Eden Litt and Eszter Hargittai, "The Imagined Audience on Social Network Sites", *Social Media and Society*, Vol.2, No.1 (2016).

约，即来自"合唱团"的鼓励和来自"有影响力的局外人"的破坏。过度披露与情境塌陷均与 N-adic 互动结构有关。在合唱团互动主导阶段，在线披露者与"合唱团"通过相互评论与交换敏感信息发展出行动互惠与内容互惠，以此为基础建立了一种二元互动关系，克服了网络互动的异步性和隐蔽性。这一过程中，在线披露者与"合唱团"通过建立共同的索引基础（index ground）与使用指示词（deictics）形成了新的互动基础。在线披露者具有与"理想受众"对话的倾向，忽略潜在的受众，造成信息的过度披露。

而"有影响力的局外人"的意外出现，造成情境塌陷，使得在线披露者意识到隐私泄露的可能与风险。一方面，在线披露者与有影响力的局外人可能具有共同的背景知识，后者能够轻易地理解该互动场景中的信息，导致隐私的泄露；另一方面，有影响力的局外人也可能因为缺乏理解特定话语所需的索引基础，而造成对信息的误读以及对个人的误判。例如，在匿名形式网络上叙述学校见闻时，遭遇同学的意外关注更可能会暴露自己的真实身份隐私；而在代际沟通中，由于不同代际缺乏特定的索引基础，长辈对信息的误读更可能发生。同时，N-adic 互动具有独特的互文性（interdiscursivity）特征，任意时间的任意信息均具有可追溯性，可以作为互动的来源与参照。例如在另一项研究中，田晓丽发现面对面互动同样会受到线上信息披露的影响。与面对面互动所传递的信息相比，互动者倾向于相信线上信息的披露，并认为其更好地代表了他人。而在线互动的 N-adic 结构导致互动双方在面对面互动中考虑线上信息的预期错配，进而可能导致尴尬[1]。遭遇"有影响力的局外人"的意外互动，使得在线披露者意识到 N-adic 互动的本质。也可以说，不确定受众的 N-adic 互动结构也是情境塌陷的主要原因。在线披露者通过改变发布行为或调整技术设置来降低隐私

---

[1]　Xiaoli Tian, "Embodied Versus Disembodied Information: How Online Artifacts Influence Offline Interpersonal Interactions", *Symbolic Interaction*, Vol.40, No.2 (2017): 190-211.

泄露的可能性，例如控制访问权限、删除过去的文章、禁用评论或减少发帖频率等，更有甚者退出了互动平台，研究称这些举措均与"有影响力的局外人"相关。

总的来看，N-adic 互动与二元或三元互动交织，构成了在线互动的基础。二元互动的互惠关系使得在线互动者产生忽视 N-adic 互动结构的倾向，造成个人隐私的泄露。而"有影响力的局外人"的介入，使得在线交往重归多元受众的认识，在线互动者以更审慎的态度面对网络交流和信息披露。

## 二　中国社交媒体中的 N-adic 互动

比情境塌陷理论更进一步的是，N-adic 互动的相关研究不再局限于个人互动策略的探讨，而关注到 N-adic 互动结构孕育的新型人际互动模式，以及由此生成的新型人际互动规范。N-adic 互动模式在中国在线人际交往情境下得到了讨论与发展。

朱鸿军和苗伟山在中国职场中的微信点赞研究中指出，微信朋友圈中的点赞是典型的 N-adic 互动过程。研究者将现实权力关系与网络社交互动相结合，关注到 N-adic 互动背景下复杂的人际关系协调实践。研究指出，N-adic 互动模糊了生活界限，暴露了许多公司内部关系之外的隐性社会关系。职场人士积极利用 N-adic 揭示隐藏关系的能力来观察、理解甚至推测同事之间的关系，同时利用他们对线下交往中的同事关系的理解来调整自己的行为，从而促进或阻止 N-adic 的出现[1]。N-adic 不仅指导个人的在线信息披露策略，同时传递了丰富的人际关系线索，甚至成为一种调节关系的工具。

---

[1]　Hongjun Zhu and Weishan Miao, "Should I Click the 'Like' Button for My Colleague? Domesticating Social Media Affordance in the Workplace", *Journal of Broadcasting & Electronic Media*, Vol.65, No.5 (2021): 741-760.

在这一认识下，关于微信中的 N-adic 互动与职场权力关系交织的研究开始出现[1]。更多的研究将 N-adic 作为一种分析框架，深化对于社交媒体互动的认识。例如，对微博中在线意见表达与意见分化的研究中，研究者指出，N-adic 模式下对话群体的广泛与杂乱导致公开意见表达中情绪激化、争论加剧，进而强化了公开辩论意见的两极分化[2]。在对微信中在线礼仪规则的认识[3]、社交媒体中的自我呈现[4]等的研究中，学者也借鉴了 N-adic 互动框架进行分析。

N-adic 通过对多元受众的网络互动模式的概念化，为思考在线互动与人际关系调节提供了新的分析框架。除了职场环境，更多场景与不同权力主体之间的 N-adic 互动，例如亲子关系、师生关系、同辈关系等均有待探讨。N-adic 互动对传统互动与关系调节模式产生了何种影响，又带来怎样的新变化？随着研究的深入，基于 N-adic 模式的研究将展现出更清晰的在线互动图景。

## 第七节　无处不在的"Big Brother"：从监视理论谈起

一个周六的夜晚，躺在沙发上追剧的飞飞挂掉母亲的电话后，气愤地关闭了微信步数功能。这是为什么呢？原来就在前几天，飞飞为

---

① Xiaoli Tian, An Interactional Space of Permanent Observability: Wechat and Reinforcing the Power Hierarchy in Chinese Workplaces (paper presented Atthe Conference on Sociological Forum, March 2021,: pp.51-69). Weishan Miao and Xiaoli Tian, "Persona: How Professional Women in China Negotiate Gender Performance Online", *Social Media+ Society*, Vol.8, No.4 (2022).

② Tony Zhiyang Lin and Xiaoli Tian, "Audience Design and Context Discrepancy: How Online Debates Lead to Opinion Polarization", *Symbolic Interaction*, Vol.42, No.1 (2019): 70-97.

③ Xiaoli Tian and Yanan Guo, "An Online Acquaintance Community: The Emergence of Chinese Virtual Civility", *Symbolic Interaction*, Vol.44, No.4 (2021): 771-797.

④ Xiaoli Tian, "Face-Work on Social Media in China: The Presentation of Self on Renren and Facebook", in Mike KentEllis, Katie Ellis and Jian Xu, eds., *Chinese Social Media: Social, Cultural, and Political Implications* (New York: Routledge, 2017), pp. 92-105.

了记录自己的每日运动量，心血来潮地打开了微信运动，殊不知其母亲可是微信运动的忠实用户，频频位于榜首，每日查看步数排行榜，并挨个给前几名点赞。飞飞上班路途远，工作日的步数总能破1万，也都收到来自母亲的小红心。可这天是周六，不过百的步数记录暴露了飞飞的行踪——"宅在家"。紧接着，他就受到了母亲的盘问。这让飞飞突然发现，原来我们留在社交媒体上的数字痕迹（digital imprint）不只被商业公司所掌握，还可能成为人际交往中的监视证据。

而工作中的监视更令人咋舌。最近，东东利用上班的空闲时间悄悄看仙侠小说，被缩小的网页看上去和办公界面相差无几。在东东自以为天衣无缝时，却突然被领导叫到办公室数落了一通。更让他感到诧异的是，领导还准确地报出了小说的名字和内容。原来，电脑接入公司的局域网后，员工的网站浏览记录、消息互动往来、屏幕使用时长甚至是显示内容等一举一动都可能被纳入公司后台网络管理的监视范围，公司美其名曰通过行为监测全方位评估员工的怠工、忠诚度等情况。可以说，乔治·奥威尔（George Orwell）在《1984》中描述的"Big Brother is watching you"的监视含义虽然已逐渐泛化与去政治化，但监视的范围和程度却有增无减。要分析那些弥散在日常生活中的不同面向的监视或被监视现象，首先还需要回到监视理论的脉络中。

## 一　监视理论的初期："全景监狱"

要追溯"全景监狱"（panopticon）的开端，我们首先要回到1785年杰里米·边沁（Jeremy Bentham）的沙俄之行。这一年，杰里米·边沁前往沙俄（今白俄罗斯境内）拜访他的工程师兄弟塞缪尔·边沁（Samuel Bentham）。彼时的塞缪尔·边沁在波将金勋爵麾下，正苦于如何将造船技术传授给大批不熟练的沙俄农民，以及少量的监工如何监督庄园劳作的问题。在这一过程中，他提出了"中心观察站"（central observation）的设想。塞缪尔·边沁组建了一支由 20 位熟练工人组成的核心队伍来担任培训和监督工作。中心观察站由一个圆形的房间组成，工人们围绕房间内壁依次排开进行劳作，而培训员 / 监工则坐在房间中央的桌子上，他只需要转动身体和目光，就可以看到谁需要技术帮助，谁在懈怠劳动。但这也暴露了问题：这个方式的确有助于培养工人的造船技能，但仅限于当培训员 / 监工看到工人时，才能及时提供帮助。也就是说，这一方式发挥的监督功能远大于技能培训[①]。

杰里米·边沁受到塞缪尔·边沁的启发，认为这种建筑模式尤其适用于管理体系，他于 1791 年首次提出"全景敞视建筑"（panopticon）[②]的设想，其中以"全景监狱"最为著名。全景监狱的建筑被修成圆环形，建筑的中央设置一座瞭望塔，建筑四周则被分为许多相邻的小隔间，每个囚犯处于一个单独的囚室，各个囚室都安有两面窗户，一面正对瞭望塔，一面连接外部。检查员站在中央的瞭望塔上，透过窗户观察囚犯的行为。检查员可以观测格子间内囚犯的一举一动，且不会被看到；而格子间内的囚犯不仅看不清楚检查员，更不知道检查员是否以及何时在观察自己。因此每座建筑的塔楼上只需要配备一名检查员，便可以监督管理所有人员[③]。在普通监狱里，纪律来自监狱长的真实存在和巡查；而在全景监狱中，权力来自检查员的不可见。简言之，这是利用建筑中的空间策略所施加的权力管制手段，通过尽可能地延伸物理空间范围的感知能力，制造了一种检查员无处不在、无所不能而囚犯被实时监控的心理错觉。由于米歇尔·福柯（Michel Foucault）对杰里米·边沁的"全景监狱"模式的运用和发

---

① Werrett Simon, "Potemkin and the Panopticon: Samuel Bentham and the Architecture of Absolutism in Eighteenth Century Russia", *Journal of Bentham Studies*, No.2 (1999): 1-25.

② "panopticon"多译为"全景敞视建筑"或"全景监狱"。此处翻译同［法］米歇尔·福柯《规训与惩罚：监狱的诞生》，刘北成、杨远婴译，生活·读书·新知三联书店，2012。

③ ［法］米歇尔·福柯：《规训与惩罚：监狱的诞生》，刘北成、杨远婴译，生活·读书·新知三联书店，2012，第 224~225 页。

展，我们所熟知的往往是"全景监狱"。实际上，边沁还创造了其他至少三个敞视建筑，它们分别为"穷人敞视住所"（pauper-Panopticon，为穷人的住房而设计），"敞视走读学校"（chrestomatic-Panopticon，一个老师可以监督所有学生），"宪法敞视建筑"（constitutional-Panopticon）。这三个少为人所知的建筑类型体现了全景敞视建筑的理念模板在不同环境和目的下的调整与应用[1]。作为一名功利主义哲学家，杰里米·边沁认为惩罚本身是邪恶的，他试图通过在罪犯的头脑中唤起惩罚的观念，用最少的实际痛苦实现对于罪犯的最大震慑效果，从而有可能在不付出任何代价的情况下为社会的整体幸福做出贡献[2]。随后，他花了大约 20 年的时间试图在伦敦建立全景监狱。迫于英国政府的压力，1809 年，边沁不得不终止这个计划。直到 1928 年，全景监狱才在古巴独裁者格拉多·马查多（Gerardo Machado）建立的模范监狱（Presidio Modelo）中得到真正的实现。

在边沁看来，全景监狱是为了人道和幸福而提出的，而在福柯的眼里，这种看似仁厚的惩罚制度实际上作用的是人们的肉体，他将它运用于对现代社会的权力关系与治理模式的分析之中。在《规训与惩罚：监狱的诞生》一书中，福柯将全景监狱的概念抽象为一种隐喻——全景敞视主义（panopticism）。现代社会中的工厂、学校、兵营、医院，无一不是全景监狱的翻版，所有人都居于其中。全景敞视主义的规训机制使得权力运作变得更加轻便且高效，国家机器和各种机构通过实施这一套权力的微观运作机制，将人们打造为可驯服的、有用的身体[3]。

---

[1] Galič Maša, Tjerk Timan and Bert - Jaap Koops, "Bentham, Deleuze and Beyond": An Overview of Surveillance Theories from the Panopticon to Participation", *Philosophy & Technology*, Vol.30, No.1(2017)：9-37.

[2] Bentham Jeremy, *The Panopticon Writings* (London / New York: Verso Books, 1995), pp. 4-7.

[3] ［法］米歇尔·福柯：《规训与惩罚：监狱的诞生》，刘北成、杨远婴译，生活·读书·新知三联书店，2012，第 235~255 页。

## 二 数字时代的监视：从"液态监视"到"想象监视"

边沁和福柯对于全景监狱的分析均聚焦于实体建筑，然而自信息社会以来，数字基础设施的发展又为监视带来了哪些新特点呢？用齐格蒙特·鲍曼（Zygmunt Bauman）的话说，我们已经进入了后全景敞视（post-panoptical）时代[①]。步入20世纪后期，消费主义浪潮兴起，监视权力从国家机构延伸至劳动和消费领域。基于此，鲍曼和戴维·里昂（David Lyon）在《液态监视》（*Liquid Surveillance*）一书中关注流动的现代性背景下的虚拟监控架构[②]。在全景监狱中，尽管犯人并不知道检查员是否在注视自己，但中心控制塔表明了检查员所处的位置，即"权力是无法确知的但可见"[③]。但如今，瞭望塔消失了，操纵检查权力者的位置变得模糊、多变且不确定，亦即权力不再可见了，这预示着管理者和被管理者之间的旧秩序的瓦解[④]。同时，监视在本地和全球蔓延、渗透以及流动[⑤]。从全景监狱到液态监视，监视的特征发生了三类变化：其一，监视的空间从固定的物理场所发展为开放的、无边界的数字空间；其二，"规训"与"控制"结合的监视模式取代了"规训"或"控制"的权力机制，并通过消费、休闲等日常生活实践展现出来；其三，监视主体泛化，商业平台和组织、技术赋权的个人都能成为监视主体，一对多的传统监视模式发展为少数人对少数

① Zygmunt Bauman, *Liquid Modernity* (Malden, MA / Cambridge, UK: Polity Press, 2000), p. 11.

② Zygmunt Bauman, and David Lyon. *Liquid Surveillance: A Conversation* (Malden / Cambridge: John Wiley & Sons, 2013), p. 5.

③ [法]米歇尔·福柯:《规训与惩罚:监狱的诞生》，刘北成、杨远婴译，生活·读书·新知三联书店，2012，第226页。

④ Zygmunt Bauman, and David Lyon. *Liquid Surveillance: A Conversation* (Malden / Cambridge: John Wiley & Sons, 2013), pp. 3-13.

⑤ David Lyon, "Liquid Surveillance: The Contribution of Zygmunt Bauman to Surveillance Studies", *International Political Sociology*, Vol.4, No.4 (2010): 325-338.

人、多数人对多数人以及不同圈层的监视模式等①。如今，街头随处可见的摄像头、客厅中的远程监控、监测心率的运动手表、按照喜好智能推送的短视频……这些都在提醒我们，监视已经弥散在日常生活中的各个角落了。在文章开头的案例中，东东的工位旁虽然没有安装看得见的监控，但老板通过远程网络监控系统，正在悄悄注视着看小说的他。

进入社交媒体时代后，新的监视现象又孕育了许多新的监视概念。艾利丝·马威克（Alice Marwick）提出"社交监视"（social surveillance）②，以描述人们在 Facebook 和 Twitter 等社交媒体上仔细审查他人的内容、以他人的目光来看待自己的内容等行为，涵括了社交媒体用户对他人的监视、个人呈现策略的调整等一系列行为。但是概括的做法实际上又难以全面地阐释各个概念的差异。展开来讲，马克·安德烈耶维奇（Mark Andrejevic）在 2004 年提出横向监视（lateral surveillance）③的概念，以描述人们在日常生活中对于朋友、家人和恋人等他者的监视行为，例如本文开头的故事中，飞飞的母亲通过飞飞的微信步数来监视他的行踪，这便是一种横向监视。又比如，我们在添加陌生人为好友之后，常常会先查看一下对方的朋友圈，以此判断对方的性格和喜好。在线网络社交还催生了参与式监视（participatory surveillance），安德斯·阿尔布雷克特伦德（Anders Albrechtslund）④基于对社交媒介和游戏媒介的分析指出，监视不仅是等级化的，同样可以被视为扁平互惠的。通过在线分享个人信息，我

---

① 郭小安、赵海明：《观看的无奈与正义：数据社会液态监视的弥散性与能动性》，《新闻与传播研究》2022 年第 10 期。

② Alice Marwick, "The Public Domain: Surveillance in Everyday Life", *Surveillance & Society*, Vol.9, No.4 (2012): 378-393.

③ Mark Andrejevic, "The Work of Watching One Another: Lateral Surveillance, Risk, and Governance", *Surveillance & Society*, Vol.2, No.4 (2004): 479-497.

④ First Monday, "Online Social Networking as Participatory Surveillance", https://firstmonday.org/ojs/index.php/fm/article/download/2142/1949, last accessed 11 Jan. 2024.

们主动地成为监视者，也自愿成为被监视者。例如，对于一位久不联系的好友，我们翻阅她的朋友圈，默默地点赞或留下评论，在这种情况下，参与式监视就变成了一种通过查看他人分享的信息动态来维持友谊的方式。

另一方面，社交媒体中普遍存在的监控现象会反过来干预我们的社交媒体使用行为。布鲁克·艾琳·达菲（Brooke Erin Duffy）等人便使用"想象监视"（imagined surveillance）的概念阐述这一影响[①]。年轻人在社交媒体上发布内容之前，常常预测来自父母、老师和领导等不同监视主体的审查，从而根据相应的社会规范调整自我呈现的内容。试想，我们在忙碌的学习中偷偷出门玩了一趟，正要发朋友圈晒风景美食，但想到导师"恨铁不成钢"的心情，我们便自觉地使用"受众隔离"策略将其屏蔽。社交媒体使用还伴随着社交筛查（social screening）[②]，在添加新的好友或发展恋爱关系前，我们总避免不了去翻看他人的社交媒体，好好审查一番。

本节按照媒介发展的时间链条回顾了监视理论，但依据不同，其发展脉络也多有差异，例如监视理论的脉络也被分为以下三个阶段[③]。第一阶段为监视的建筑理论阶段。这一时期以边沁和福柯的全景监狱理论为核心，强调在物理空间中监视主体的集中机制。第二阶段为后全景监视理论阶段，主要涉及监控的基础设施理论，关注基于数字技术而非物理技术条件的监控，吉尔·德勒兹（Gilles Deleuze）、凯

---

[①] Duffy Brooke Erin, and Ngai Keung Chan "You Never Really Know Who's Looking: Imagined Surveillance Across Social Media Platforms", *New Media & Society*, Vol.21, No.1 (2019): 119-138.

[②] Gangneux Justine, "It Is an Attitude': The Normalization of Social Screening via Profile Checking on Social Media", *Information, Communication & Society*, Vol.24, No.7 (2021): 994-1008.

[③] Galič Maša, Tjerk Timan and Bert-Jaap Koops "Bentham, Deleuze and Beyond": An Overview of Surveillance Theories from the Panopticon to Participation", *Philosophy & Technology*, Vol.30, No.1(2017): 9-37.

文·哈格蒂（Kavin Haggerty），理查德·埃里克森（Richard Ericson）以及肖莎娜·祖伯夫（Shoshana Zuboff）发展了不同于全景主义的理论框架。第三阶段为当代的监视概念。此阶段是对前两个阶段的概念框架的细化、改进和发展，并补充了用户的参与和抵制行为。

回到现实生活中，家庭监控（home monitoring）近几年来日益普及，不论是用于防盗贼、远程照料留守农村的老人，还是线上照看宠物，监控和家庭的联系逐渐紧密。但学界从监视理论角度的研究较少，这是否又更新了已有的监视概念和机制呢？仍待探讨。

# 后 记

人是社会关系的总和。身处在盘根错杂的社会网络中，个体的成长和发展、日常生活和工作、对世界的认知和探索，都在持续的社会互动中展开。不断演化的科技和新媒体，为人际交往提供了新的场景，甚至在很大程度上改变了人们互动的方式、内容和性质。如何理解数字化对于人际交往的影响是这本书探索的核心问题。

传播学的起源侧重于研究大众媒体的社会影响和效果，但研究者也很快意识到人际传播在社会中扮演的重要角色。相较于西方，中国的人际传播有其特定的历史传统、文化脉络和社会情景。因此，在这本教材的撰写中，我们摒弃了传统的介绍西方理论的方式，而是立足于中国本土的社会情景，在中西方的数据、文献和理论的不断对话中，为理解中国故事、建构中国学术自主知识体系进行了积极的探索与尝试。

全书分为家庭情景、学习情景、工作情景和社会情景四章，每章包括当今生活中常见的相关社会议题。在具体的撰写中，本书以具体的案例为引导，导入相关的文献和理论介绍，期待读者通过理论的解析再去反思日常生活中的现象。同时，各个章节也尽量保持其完整性。我们期待读者可以根据自己的兴趣，从任何章节进入，同时可以跳跃到任意章节，这种扑克牌式的自由阅读也赋予读者在灵活的组合中进行比较性思考的可能。秉持着以下四个理念，我们期待这本书能帮助读者实现基础性的学术思维逻辑增益，而不是简单的知识传递。

第一，启发性而非定义性。对于一个社会现象，我们可以从不同的理论视角进行解读，学术的目的在于理解其复杂性、多元性和丰富性，而非给出一个绝对答案。因此，本书的撰写旨在通过在现实—数据和概念—学术之间试探性地建立勾连，让学生可以通过另外一种／多种方式与视角理解与看待我们身边的社会现象。

第二，案例分析而非穷尽列举。人际传播作为一个领域，处于不同学科的交叉中。因此，我们提供了不同学科、路径和流派的理论资源，并探索性地给出一些案例和视角，帮助大家进入这个领域，而非给出一个百科全书式的介绍。

第三，社会性而非个体性。社会互动是在多人之间的互动中展开的信息、意义、关系、身份和行动的互动，而这些同时被特定的政治、经济、文化和社会情景所影响。因此本书将结合相关普遍性理论与特定的社会文化情景来分析当下的社会现象，从而避免了将社会互动简单化为两人或者多人之间的交往。

第四，过程性而非节点性。作为一个社会过程，人际互动是持续的、开放的、动态的和多面向的。本书试图超越仅关注在某段过程中几个节点议题的探究方式，通过相关案例不断地延展、比较和交叉，期待赋予读者一种更加关系性和过程性的视角来理解数字科技在人际交互中的影响和机制。

这本书的编写来自我和学生的共同努力。通过读书会、写作互动小组等方式，我们对每个选题以及相关的理论进行了大量的讨论，然后进行撰写、交叉评阅和共同讨论。在这种教学相长的过程中，我们不断地审视身边，特别是日常生活中数字化的介入对于人际互动存在哪些影响；这些概念、理论和视角的棱镜让我们看到哪些是以往被忽视的或被遮蔽的；这些洞见将如何推动我们对社会生活的新理解和再审视；身处在这样一个数字化社会，人应该如何自洽以及走向何处；期待本书能带给大家一些启发和思考。

在本书编写过程中，苗伟山负责全书的框架设计、主题确定，参与所有章节的构思、讨论和修改，并对全书进行统稿、定稿；此外还参与了第三章第一节《微信点赞：微互动与关系理论》、第三章第二节《暂时关闭朋友圈：驯化与再驯化理论》内容的编写。其他参与本书编写的人员分工如下（按姓氏笔画排序）。

邱晨欣主要参与了第一章第四节《表情包：数字化排斥》、第一章第七节《家族微信群：中介化的孝道实践》、第二章第三节《同辈沟通：社会学习理论》、第三章第七节《职场交往：身份传播理论》、第四章第二节《网络购物：社会交换理论》、第四章第五节《逝者的社交留言：社交媒体哀悼》内容的编写。

宋晓文主要参与了第一章第一节《超人际互动与中介化亲密关系的形成》、第二章第六节《串聊（crosstalk）：手机的社交融入与多重关系协商》、第三章第三节《数字断连：反思连接与工作》、第三章第五节《寒暄：情感交际还是"情感劳动"？》、第四章第四节《"陌生人关系"：互联网社交与新型人际关系趋势》、第四章第六节《N-adic：基于多元受众的网络人际互动模式》内容的编写。

张钊涵主要参与了第二章第一节《为了在场的缺席：上网课》、第二章第二节《数字时代的社会化》、第二章第十一节《数字时代的模因（meme）》内容的编写。

林欣主要参与了第一章第五节《屏幕里的亲情：远程家庭沟通中的数字不对称》、第一章第六节《少年触网之烦恼：基于父母干预理论的视角》、第二章第七节《"数字挖坟"：社交媒体上的语境坍塌》、第三章第四节《恼人的60秒语音轰炸：时间政治的困境》、第三章第六节《抢红包也有规矩：微信中的惯习运作》、第四章第一节《防不胜防的网络诈骗：社会线索还靠谱吗？》、第四章第七节《无处不在的

"Big Brother"：从监视理论谈起》内容的编写。

　　蔡振华主要参与了第一章第二节《亲密关系可以购买吗？理解虚拟恋人的情感劳动》、第一章第三节《从男性气质到父职：数字时代如何"做父亲"？》、第二章第四节《从"追"星到"造"星：准社会关系的建构与变迁》、第二章第十节《打造人设：社交媒体平台上的数字脸面》、第二章第十二节《数字时代的社交性：分享还是不分享？这是个问题》内容的编写。

　　廖中南主要参与了第二章第五节《脚本理论：新规范、新常规，还是新规训？》、第二章第八节《交叉性：为什么我 debuff 叠满了？》、第二章第九节《复媒体与平台摇摆》、第四章第三节《叙事和意义建构：传播就是讲故事》内容的编写。

苗伟山

2023 年 12 月 31 日于中国人民大学静园

**图书在版编目（CIP）数据**

数字时代的人际交往 / 苗伟山编著 . -- 北京：社
会科学文献出版社，2024.10（2025.9 重印）. --（中国社会科学院大学
系列教材）. --ISBN 978-7-5228-3912-7

Ⅰ . C912.3

中国国家版本馆 CIP 数据核字第 2024D0M755 号

·中国社会科学院大学系列教材·

## 数字时代的人际交往

编　　著 / 苗伟山

出 版 人 / 冀祥德
责任编辑 / 张建中
责任印制 / 岳　阳

出　　　版 / 社会科学文献出版社·文化传媒分社（010）59367156
　　　　　　地址：北京市北三环中路甲29号院华龙大厦　邮编：100029
　　　　　　网址：www.ssap.com.cn
发　　　行 / 社会科学文献出版社（010）59367028
印　　　装 / 北京盛通印刷股份有限公司

规　　　格 / 开　本：787mm×1092mm　1/16
　　　　　　印　张：12.5　字　数：167千字
版　　　次 / 2024年10月第1版　2025年9月第2次印刷
书　　　号 / ISBN 978-7-5228-3912-7
定　　　价 / 69.00元